Ursula Karven · Yoga für die Seele

Ursula Karven
Yoga
für die Seele

Wunderlich

Wichtiger Hinweis: Die Ratschläge in diesem Buch sind nach bestem Wissen und Gewissen sorgfältig erwogen und von Fachleuten geprüft. Die Informationen und Ratschläge stellen jedoch keinen Ersatz für medizinische Betreuung dar. Eine Haftung für den Eintritt von Personenschäden, die sich aus dem Gebrauch oder Missbrauch der in diesem Buch dargestellten Methoden oder sonstigen Hinweise ergibt, ist für den Verlag, den Autor und deren Beauftragte ausgeschlossen. Yoga kann unabhängig von Alter und Beweglichkeit ausgeübt werden. Beachten Sie alle Warnhinweise im Text und fragen Sie in Zweifelsfällen Ihren Arzt. Gehen Sie beim Üben der Haltungen und Atemübungen langsam und schrittweise vor. Respektieren Sie Ihre körperlichen Grenzen und gehen Sie als Anfänger nur so weit, wie es für Sie angenehm ist.

6. Auflage Januar 2004
Copyright © 2003 by Rowohlt Verlag GmbH, Reinbek bei Hamburg
Alle deutschen Rechte vorbehalten
Lektorat Katharina Naumann
Fotos Lyndie Benson
Illustrationen Julia-Michelle Neumann
Layout Annette Peter
Satz Trinité PostScript (QuarkXPress) bei KCS Buchholz/Nordheide
Druck und Bindung Landesverlag Druckservice, Linz
Printed in Austria
ISBN 3 8052 0757 3

Die Schreibweise entspricht den Regeln
der neuen Rechtschreibung.

Ich widme dieses Buch meinen Kindern
Daniel, Christopher, meinem Baby
und meinem Mann James.

INHALT

Vorwort	10
Die Bedeutung von Namasté	12

I. ISVARA PRANIDHANA – DAS VERTRAUEN

Die letzten drei Tage meines alten Lebens	16
Mein Weg mit Yoga	20
Was ist Yoga?	25
Atmung und Meditation	35
Prana	38
Einfache Atemübung I	39
Einfache Atemübung II	40
Atemübung III in drei Teilen	42
Atemübung IV: Wechselatmung – Nadi Sodhana	50
Traurige Stimmungen und Depressionen	52
Angst und Panik	67

II. SWADHAYAYA –
DIE SELBSTFINDUNG

Selbstvertrauen und Selbstwertgefühl	86
Konzentration	99
Stress	106
Schlaflosigkeit und Entspannung	110
Eine Kerzenmeditation – Tratak	117
Das dritte Auge	120

III. TAPAS –
DAS BEMÜHEN

Alterslosigkeit	124
Der Körper der Frauen	127
Die innere Schönheit	149
Kopfschmerzen	157
Der Rücken	163
Verdauung und Ernährung	171
Interview mit Paul Cabanis	178
Ich danke	186
Bildnachweis	188

Es gibt nur eine Zeit,
in der es wesentlich ist aufzuwachen.
Diese Zeit ist jetzt.

Buddha

VORWORT

Ein großer Trost in den schweren Augenblicken unseres Lebens ist das Wissen, mit unserem Schicksal nicht allein zu sein.

Jeder schöpft dieses Wissen aus anderen Quellen – und nie ist es nur der eine Grund, der einen nach einem schweren Schicksalsschlag wieder aufstehen lässt, sondern eine Vielzahl von Ideen, Methoden, Möglichkeiten. Neben der unschätzbaren Unterstützung durch meine Familie und meine Freunde gab mir die intensive Beschäftigung mit Yoga neuen Halt.

Ich hatte Yoga bereits vor vielen Jahren als Lebensphilosophie für Geist und Körper kennen gelernt, doch das darin enthaltene Potenzial noch lange nicht ausgeschöpft.

Das regelmäßige Praktizieren der Übungen und das Erforschen der zugrunde liegenden Gedankenwelt eröffneten mir neue Wege, um in mich selbst hineinzuhorchen und das freizusetzen, was ich in mir selbst nicht mehr vermutete:

> Den Mut, nach vorn zu blicken,
> die Kraft, weiterzumachen,
> um neues Glück zu erleben.

Ich habe dieses Buch geschrieben, weil ich gerne weitergeben möchte, was ich durch die jahrtausendealte Lehre erfahren habe. Dieses Buch ist uns allen gewidmet, die wir zwischen Stress, Hoffnung, Zukunfts- und Verlustängsten unser Leben verbringen – und den Menschen, die wie ich jemanden verloren haben, und damit auch einen Teil von sich selbst, und das Leben erst einmal neu begreifen müssen.

Von ganzem Herzen,
Namaste
Ursula

Die Bedeutung von Namasté

«Namasté» ist ein Sanskrit-Wort und bedeutet wörtlich übersetzt: «Ich verneige mich vor dir.» Die Geste symbolisiert den göttlichen Funken, der in jedem von uns ist und seinen Platz in unserem Herz-Chakra hat. Sie bedeutet, dass man die eigene Seele in der Seele des anderen erkennen kann.

Um die Geste zu vollziehen, führt man die Hände vor dem Herz-Chakra zusammen, schließt die Augen und neigt den Kopf nach vorne. Viele Yogalehrer legen beim Namasté die Hände erst an das dritte Auge auf der Stirn, dann auf die Lippen und schließlich auf das Herz-Chakra, um damit die Klarheit der Gedanken, die Wahrheit des gesprochenen Wortes und die Reinheit der Gefühle zu symbolisieren.

Wir bringen die Hände vor dem Herz-Chakra zusammen, um die Quelle der göttlichen Liebe zu spüren. Das Neigen des Kopfes und das Schließen der Augen hilft dem Geist, sich dem Reinen und Göttlichen in unserem Herzen hinzugeben. Namasté erlaubt es zwei Menschen, in gegenseitigem Respekt, tiefem Verständnis füreinander und in Zeitlosigkeit miteinander in Verbindung zu treten.

In den meisten Yogaklassen benutzt man die Namasté-Geste vor und nach den Übungen.

Geben Sie der Geste dieser göttlichen Wahrheit Raum, dann werden Sie spüren, dass wir alle eins sind, wenn wir aus dem Herzen heraus leben.

Wenn wir uns entscheiden, nur einen kleinen Schritt in Richtung Heilung, Glück und Frieden zu gehen, können Wunder möglich werden. Wenn wir zu nah am Spiegel stehen, erkennen wir uns nicht mehr deutlich. Wunden heilen besser, wenn wir lernen, uns von der Situation, die uns quält, zu lösen. Yoga ermöglicht uns, dieses «lösen» auf körperlicher, seelischer und geistiger Ebene zu erfahren und uns so selbst zu heilen.

Die eigentliche Herausforderung liegt meistens nicht in den Übungen selbst, sondern eher in der Überwindung, sich in schwierigen Zeiten tatsächlich aufzuraffen und sie zu machen, wenn man sie am meisten braucht. Nach nur wenigen Tagen des Übens werden Sie eine Stärke in sich spüren, die Sie nie vermutet hätten – ich weiß, dass diese Stärke in jedem von uns ist, wir müssen sie nur wiederfinden.

Natürlich habe ich viele Bücher gelesen, auch wissenschaftliche Abhandlungen über Schmerzbewältigung und Trauer, aber in meinem Zustand konnte ich nur die einfachsten wirklich verstehen. Denn im tiefen Schmerz war in meinem Kopf kein Platz für schwierige Lektüre. Deshalb habe ich mich entschieden, meine Erfahrungen in diesem Buch so einfach und verständlich wie möglich weiterzugeben.

I.
ISVARA PRANIDHANA – DAS VERTRAUEN

DIE LETZTEN DREI TAGE
MEINES ALTEN LEBENS

Donnerstag. Der Donnerstagmorgen war sonnig. Meine Söhne Christopher (damals sieben Jahre alt) und Daniel (vier Jahre alt) standen zur selben Zeit auf. Wie jeden Morgen wurde Christopher von seinem Vater in die Schule gebracht. Daniel hatte an diesem Tag keine Lust, in den Kindergarten zu gehen. Er wollte lieber bei mir zu Hause bleiben.

Als mein Mann Jim von der Schule zurückkam, schlug ich ihm vor, mit Daniel in ein großes Möbelgeschäft zu fahren, einfach nur, um herumzustöbern. Und auch er konnte alles stehen und liegen lassen, und so kam es, dass wir uns gegen halb zehn Uhr morgens auf die lange Fahrt machten. Daniel war sehr glücklich, an so einem gewöhnlichen Wochentag freizuhaben und allein mit seinen Eltern zu sein.

Dort angekommen, wollte Daniel zuerst in die Kinderspielecke. Aber nach zehn Minuten hatte er genug von den bunten Bällen. Ich genoss es sehr, ihn bei mir zu haben. Wir drei schauten uns Kinderzimmer mit Hochbetten an, Daniel zeigte uns Kisten mit Werkzeug. In der Kinderabteilung durfte er sich ein Kindermusikset mit Rassel, Trommel, Flöte und Triangel aussuchen. Musik liebte er sehr. Danach gingen wir in einen deutschen Lebensmittelladen in unmittelbarer Nähe. Deutsches Brot, Schinkenwurst und Kinderüberraschungseier – Dinge, die ich hier in Los Angeles manchmal sehr vermisse. Daniel war im Paradies, denn er liebte dieselben Dinge wie ich.

Daniel hatte seine Schokoladeneier sofort im Auto aufgegessen, denn er konnte Süßigkeiten nicht widerstehen. Das Spielzeug darin hob er für seinen großen Bruder auf. Im Auto stellten wir den Oldie-Sender ein und fuhren mit lauter Musik und offenen Fenstern zurück, während Daniel rasselte, Flöte und Triangel spielte.

Als wir wieder zu Hause ankamen, musste Jim in eine Besprechung, und ich fuhr mit Daniel in die Stadt. Wir aßen zusammen ein großes Joghurteis mit Regenbogensoße – das süßeste und künstlichste, das es gibt, und genau das, was Daniel am meisten liebte. Dann holten wir zusammen Christopher ab. Um drei Uhr nachmittags machte ich schnell etwas zu essen. Christopher machte seine Hausaufgaben, und Daniel spielte den Rest des Tages Flöte in seinem Zimmer – ohrenbetäubend. Zum Zubettgehen las ich den beiden eine Gutenachtgeschichte vor. Die Flöte legte Daniel unters Kopfkissen, damit er am nächsten Tag gleich nach dem Aufwachen weiterspielen konnte.

Freitag. Das gleiche Ritual wie jeden Morgen: Ich war schon um sechs Uhr wach und holte meinen versäumten Tag an E-Mails und Anrufen nach. Ich hatte ein langes Gespräch mit einem befreundeten Produzenten, mit dem ich eine Serie entwickelt hatte. Sie wurde an diesem Tag endgültig zugesagt! Damit stand unser Entschluss fest, für zwei Jahre nach Berlin zu

ziehen. Christopher war schon in der John-F.-Kennedy-Schule angenommen worden, und ich war glücklich, denn diese Serie war sorgfältig und mit viel Aufwand konzipiert. Sie war genau das, was ich zu diesem Zeitpunkt gerne machen wollte, denn die Schauspielerei ist meine Leidenschaft.

Später ging ich mit meiner Freundin Dana in die großen Outlets, um neue Stücke für die Schwangerschaftskollektion unserer Firma «bellybutton» zu suchen. Danach trafen wir uns mit unserer dritten Partnerin. Dann fuhr ich nach Hause, um Christopher von der Schule abholen zu können.

Als wir nach Hause kamen, erwartete mich Daniel schon – mit der Flöte in der Hand. Ich musste ihm genauestens erzählen, was ich den Tag über gemacht hatte. Am Abend gingen mein Mann Jim und ich noch in ein Restaurant, denn wir hatten etwas zu feiern. Die Fernsehserie, die endgültig vom Sender abgesegnet war, sollte schon in drei Monaten starten. Jetzt mussten wir natürlich besprechen, wie wir den Kindern die Entscheidung, nach Berlin zu gehen, erklären sollten. Wir hatten ihnen das zwar angedeutet, aber es war ja noch keine beschlossene Sache gewesen. Ich war so glücklich an diesem Abend. Ich würde nach Deutschland zurückkehren und an einem Projekt arbeiten, an dem ich hing, hatte zwei zauberhafte, gesunde Jungs und einen Ehemann, der für mich bereit war, sein Leben umzukrempeln. Mir war an diesem Abend sehr bewusst, wie viel Glück ich hatte und fühlte tiefe Dankbarkeit in mir.

Samstag. Am Morgen bat mich Christopher, auch mit ihm mal einen Tag allein zu verbringen. Daniel wollte unbedingt zu der Geburtstagsparty seines Freundes Dylan aus dem Kindergarten. Er kam sehr schick gemacht in langer Cordhose und Karohemd zu mir gelaufen und strahlte. Unser Au-Pair-Junge wollte ihn begleiten. Ich verabschiedete Daniel mit einem Abschiedsküsschen und gab meinem strahlenden Sohn noch ein «Hab Spaß, mein Schatz!» mit auf den Weg.

Christopher wollte nur mit mir auf der Couch liegen und Comics lesen. Also taten wir das, und ich genoss die Zeit mit meinem älteren Sohn.

Dann kam der Anruf, der mein Leben komplett verändern sollte. Eine Frau am Telefon sagte, Daniel hätte einen Unfall im Pool gehabt, ich solle schnell kommen.

Der Rest geschah wie in Trance. Ich rief nach Jim, der im Garten Blumen goss, und schrie wie am Spieß. Wir fuhren sofort los, und ich kann mich nicht mehr erinnern, wie ich dort hingekommen bin. Irgendwo verlor ich einen Schuh. Polizisten hielten mich fest, während ich um mich schlug, um zu meinem Kind zu kommen, das am Pool lag. Daniel war umgeben von Leuten, die ihn mit Sauerstoffflaschen beatmeten und versuchten, ihn zu reanimieren. In diesem Moment habe ich meinen Körper verlassen. Ich verlor meinen Atem und meine Seele. Ich hörte nur noch aus weiter Ferne, wie eine Mutter sagte, dass Daniel sich erbrochen hätte, als sie ihn gefunden und herausgeholt hatten. Der Rest ist ein einziger grauschwarzer Abgrund.

Ich bin vom glücklichsten Zustand, den ich je in meinem Leben hatte, direkt in die Hölle gekommen. Von einer Sekunde auf die andere war nur noch Nacht um mich. Es war nur noch schwarz. Alle Farben waren ausgeblendet.

Panta rhei: Alles fließt

Alles fließt,
alles bewegt sich –
sagt Heraklit.
Also:
Alles, was gestern
nach oben,
bunt, langsam,
Schatten, hell, leicht
oder hektisch
war, ist morgen
unten,
farblos, schnell,
Mond, dunkel,
schwer oder ruhig.

MEIN WEG MIT YOGA

Drei Wochen war ich voll gepumpt mit Medikamenten. Ich konnte weder essen noch schlafen, noch atmen. Meine Freunde, die mich in ihre Mitte nahmen, waren zwar wie ein wärmender Mantel. Aber ich konnte ihre Wärme nicht spüren, ich war einfach nicht da, nicht in meinem Körper. Alles war taub, grau und farblos.

Wochen vergingen. Irgendwann hatte ich das Gefühl, etwas unternehmen zu müssen, denn mein Sohn Christopher bekam Angst um seine Mutter, und ich fühlte mich noch schlechter, wenn ich in sein trauriges Gesicht sah. Also gab ich mir einen Ruck. Ich fuhr die zehn Minuten nach Malibu hinunter und ging in die nächstbeste Yogaklasse.

Alle dort wussten von meinem Unglück. In der kleinen Gemeinschaft hier in Malibu waren Daniel und Christopher bekannt, und alle Mütter fühlten mit mir. Sie hatten großes Verständnis für meinen aufgelösten Zustand und waren zauberhaft zu mir, obwohl ich die ganze Zeit nur weinte. Trotz meiner Tränen konnte ich drei Übungen machen. Nach dieser ersten Yogastunde hatte ich plötzlich wieder ein wenig Atem in mir.

Der Rest des Tages verging wieder wie im Nebel. Aber am nächsten Morgen ging ich nach dem Aufstehen wieder in diese Yogaklasse und konnte schon vier Übungen machen. Obwohl ich eigentlich davon überzeugt war, nicht mehr lebensfähig zu sein, hatte ich das Gefühl, dass ich irgendwie wieder einen Weg spürte, der mich aus der totalen Farblosigkeit führen würde.

Ein paar Tage später konnte ich auch mit den Medikamenten aufhören – natürlich unter strenger therapeutischer und ärztlicher Aufsicht. Und langsam habe ich es geschafft, mit Yoga und vielen Gesprächen mit Therapeuten meine Lebensenergie Stück für Stück zurückzugewinnen. Natürlich gab es Tage, an denen ich das Gefühl hatte, ich überlebe dies alles nicht.

Inzwischen haben mich meine regelmäßige Yogapraxis und ein besonders aufmerksamer Yogalehrer, der mir genau erklärt hat, welche Übungen in welchem Zustand gut sind, so weit stabilisiert, dass ich meinen Lebensmut wiederfinden konnte. Dass Yoga auch die Seele heilen kann, habe ich erst in meinem zweiten Lebensanlauf gelernt. Der Grund, warum es für mich möglich war, in relativ kurzer Zeit zurück zu einer «Yogaroutine» zu finden, war, dass ich die Basis dafür schon hatte.

Verlust, Trennung und Trauer gehören zu unserem Leben, das ist mir sehr bewusst geworden. Mein Mann ist jüdischen Glaubens und hatte mich zwei Monate, nachdem wir unseren Sohn verloren hatten, gebeten, mit ihm zum jüdischen Totengedenktag an Jom Kippur in die Synagoge zu gehen. Es war wunderschön, die alten Gesänge haben mich sehr berührt.

Nach einer langen Predigt sagte die Rabbinerin, es sollten nun alle aufstehen, die in diesem Jahr einen geliebten Menschen verloren haben. Mir zitterten meine Knie. Nach einer Weile bin ich dann ganz wacklig aufgestanden und dachte, jetzt werden mich alle ansehen. Die Rabbinerin sagte: «Und jetzt schauen Sie sich um.» Und um mich herum standen mindestens 80 Menschen. Die meisten von ihnen waren in demselben Zustand wie ich. Dies war ein wichtiges Erlebnis für mich – nicht dass es meinen Schmerz gelindert hätte, aber ich sah mit meinen eigenen Augen, dass selbst in der überschaubaren jüdischen Gemeinde unseres Stadtteiles so viele Menschen mein oder ein ähnliches Schicksal teilten und ich ganz und gar nicht allein mit meinem Schmerz war.

Wir alle haben mit Verlusten zu kämpfen, es gibt niemanden, der davon ausgenommen ist.

Buddha sagt: Nichts ist von Dauer. Wir sind nicht von Dauer.

Wenn wir einen Gegenstand mit aller Kraft festhalten, dann fühlen wir nach einer Weile nur noch unseren festen Griff, die Hand, die langsam steif und unbeweglich wird, denn die Beschaffenheit oder das Gewicht des Gegenstandes können wir nicht mehr spüren. Und am Ende spüren wir selbst unseren Griff nicht mehr. Das Gleiche geschieht, wenn wir einen geliebten Menschen besitzen oder festhalten wollen. Durch das krampfhafte Klammern spüren wir nur noch uns selbst und verlieren oft das Gefühl für das Wesen des anderen.

Dennoch versuchen wir oft, alles festzuhalten. Wir halten an Situationen fest, materiellen Dingen, an Gefühlen, an Erinnerungen. Ich habe von meinen vielen Lehrern gelernt, dass wir uns letztendlich nur selbst wirklich glücklich machen können.

Je unabhängiger und freier unsere Liebe von Erwartungen ist, je weniger wir uns von materiellen Dingen abhängig machen, desto reiner und erfüllter wird unser Leben sein.

Andere Menschen oder auch materielle Dinge können vielleicht für kurze Zeit Befriedigung schenken, aber niemals Frieden.

Ist der Trennungsschmerz akut, versuchen Sie, sich täglich neu zu beobachten und zwischen echtem Leid und Selbstmitleid zu unterscheiden. Versuchen Sie sich zu stoppen, wenn Sie die «W»-Fragen überfallen: Warum war ich nicht da? Wie konnte das passieren? Warum gerade ich? Und so weiter. Wenn Sie sich dabei ertappen, dass diese Fragen, in denen niemals Heilung oder Antworten liegen, ihre Gedanken besetzen, versuchen Sie, sich nicht auf sie einzulassen. Wenn Sie sich von Ihren Gedanken in Selbstmitleid, in graue Zukunftsvisionen oder in schmerzhafte Erinnerungen hineinsteigern lassen, lenken Sie Ihre Aufmerksamkeit auf das Hier und Jetzt. In dem Moment, in dem Sie sich der Manipulation durch Ihre Gedanken bewusst werden, wird sich Ihr Bewusstsein in die Gegenwart verschieben, in der Sie konkrete Hilfe annehmen können, statt sich nur immer fruchtlos im Kreis zu drehen.

Die Heilung liegt nicht in der Vergangenheit und auch nicht in der Zukunft, sie kann nur in der Gegenwart liegen, denn nur die Gegenwart ist wirklich da.

Sein Schicksal anzunehmen ist eine große Aufgabe, die wir in unserem Leben haben. Es geht uns allen gleich, denn wir alle haben Angst vor Verlust, sei er nun verursacht durch eine Trennung oder den Tod. Wer es schafft, die quälende Gedankenmaschine auszuschalten, die immer wieder nach Gründen und Erklärungen sucht, kann Frieden finden. Geben Sie sich nach einem Verlust oder einer Trennung Zeit. Es wird dauern, bis Sie wieder komplett zu sich finden – aber Yoga kann helfen, Klarheit in dieses Wechselspiel von Körper, Seele und Geist zu bringen.

Begegnest du der Einsamkeit – hab keine Angst!
Sie ist eine kostbare Hilfe,
mit sich selbst Freundschaft zu schließen.

Tibetanisches Sprichwort

WAS IST YOGA?

Yoga ist keine Religion

Das Schöne an Yoga ist für mich, dass ihm keine spezielle Religion zugrunde liegt. Jeder kann Yoga praktizieren, ob Hindu, Jude, Moslem, Buddhist, Christ oder Atheist – jedem kann Yoga bei der Suche nach der Göttlichkeit in uns selbst helfen. Die Namasté-Haltung ist ein Gruß, der das Göttliche in uns anerkennt und ehrt.

Das Wort «Yoga» stammt aus dem Sanskrit, einer der ältesten Schriftsprachen der Welt, und bedeutet «Vereinigung». Damit kann die Verschmelzung verschiedener Elemente gemeint sein, etwa von Sonne und Mond, von Ying und Yang, von Körper und Geist, vom eigenen Bewusstsein mit dem universellen Bewusstsein oder die Vereinigung des Individuums mit dem Universum. Die ersten Yogaübungen wurden in Indien aufgezeichnet und sind seit

etwa 4000 bis 5000 Jahren bekannt. Manche gehen davon aus, dass sie noch viel älteren Ursprungs seien, aber für die Zeit davor gibt es keine zuverlässigen Quellen.

Die meisten Menschen glauben, dass Yoga einfach nur eine Abfolge von Körperübungen sei. Tatsächlich ist Yoga aber eine den Körper und den Geist umfassende Lehre, ein Weg, der sich in vier Pfade teilt, die jeweils auf unterschiedliche Weise und mit unterschiedlichen Schwerpunkten die Vereinigung mit dem Universum oder Gott erreichen.

Der Schlüssel zum Erfolg ist hier wie auch in allen anderen Bereichen des Lebens die Motivation, regelmäßig und gewissenhaft zu üben, sich zu öffnen und aus der Erfahrung zu lernen.

Iyengar-Yoga ist die verbreitetste Yogaschule. Fast pedantisch genau wird jede einzelne Übung durchgeführt und von den Lehrern kontrolliert, die Symmetrie des Körpers und der Muskeln spielt eine große Rolle. Es ist die Schule des Yogas, die ihre Übungen am genauesten der menschlichen Anatomie anpasst. Iyengar-Yoga eignet sich besonders gut als Physiotherapie bei Muskel- oder Gelenkschmerzen. In den USA treiben viele Profisportler inzwischen Iyengar-Yoga, um ihre Körper zu regenerieren. Daher habe ich mich entschieden, diese Schule des Hatha-Yoga als Grundlage dieses Buches zu wählen (abgesehen von den Atemübungen und dem Sonnengruß). Ich habe die Übungssequenzen in diesem Buch mit Paul Cabanis, einem von mir sehr bewunderten Yogalehrer, erarbeitet. Paul hat jahrelang mit B. K. S. Iyengar, dem Meister selbst, in Indien studiert.

Die vier Pfade des Yoga

Bhakti-Yoga legt den Schwerpunkt auf Liebe und Hingabe, vorzugsweise an eine Gottheit oder einen Guru. *Karma-Yoga* ist das Yoga der Tat, der selbstlosen Handlungen und des Dienstes am anderen.

Jnana-Yoga ist das Yoga der Weisheit oder des Wissens. *Raja-Yoga* betont die vollkommene Beherrschung des Geistes und des Körpers durch Meditation. Weil dieser Zweig umfassend und daher so schwierig ist, wird er auch als der König des Yoga angesehen (Raja bedeutet auf Sanskrit «König»).

Im Raja-Yoga, um das es hier vor allem gehen soll, gibt es acht Stufen, die miteinander wie eine Treppe verbunden sind, sodass eine auf die andere folgt. Wer sein ganzes Leben dem «Weg des Yoga» widmet, kann am Ende der Treppe schließlich zur Erleuchtung gelangen.

Die acht Stufen des Raja-Yoga

1. Auf der ersten Stufe lernt der Yogaschüler den richtigen Umgang mit der Welt. Dazu gehören fünf Regeln, die Yamas, an die sich ein echter Yogi halten sollte: Gewaltlosigkeit (Ahimsa), Wahrheitsliebe (Satya), moderate Lebensweise in jeder Hinsicht, auch im Hinblick auf die Sexualität (Brahmacharya), das Verbot zu stehlen (Asteya) und die Abkehr vom Haben- und Besitzenwollen (Aparigraha).

2. Die zweite Stufe ist den Regeln zum richtigen Umgang mit sich selbst gewidmet, den *Niyamas*: Der Yogi sollte zufrieden sein mit dem, was er hat und ist (Santosa), er sollte sich immer weiter bemühen, weitere Erfahrungen auf dem Gebiet der Selbstfindung und Selbstentfaltung (Svadhyaya) zu machen und für Reinheit an Körper und Geist (Sauca) sorgen. Eifer und stetes Bemühen (Tapas) gehören ebenfalls zum richtigen Umgang mit sich selbst: Man sollte sich immer wieder bewusst machen, wo man gerade steht und wohin man gehen möchte. Tapas meint aber auch Disziplin, ohne die wir nicht vorankommen. Die fünfte und letzte Regel lässt sich als Hingabe und das Vertrauen an den göttlichen Willen (Isvara Pranidhana) verstehen.

3. Die *Asanas*, die Körperübungen, sind die dritte Stufe des Übungsweges. Mittlerweile gibt es Hunderte von Übungen und unzählige Varianten. Die bekannteste Yogahaltung ist der Lotossitz.

4. *Pranayama*, die Kontrolle der Atmung, ist die vierte Stufe. Eine kontrollierte Atmung klärt den Geist. Sie kann Blockierungen lösen und die Wahrnehmung schärfen. Die Asanas und Pranayama werden zusammengefasst zum Hatha-Yoga, dem Yoga, wie es hierzulande bekannt ist.

5. *Pratyahara*, der Rückzug der Sinne, um den Geist zu beruhigen, ist die fünfte Stufe. Es beschreibt die Fähigkeit, uns im Chaos des Alltags auf uns selbst zurückzuziehen und unsere Sinne nicht jedem Reiz folgen zu lassen.

6. *Dharana*, die Konzentration, ist eng mit dem fünften Schritt verbunden.

Hier geht es darum, die Aufmerksamkeit auf das zu lenken, was wir gerade tun, und nicht ständig abzuschweifen.

7. *Dhyana*, Meditation, ist der vorletzte Schritt auf der Treppe zur Vervollkommnung. Während der Meditation ruht das analytische Denken, und wir können die Welt intuitiv begreifen.

8. *Samadhi* ist die letzte Stufe und gleichzeitig das Ziel des Weges. Der Yogi verschmilzt vollkommen mit dem Universum. Samadhi ist das Ende jeglichen Bemühens, Sinnens und Trachtens und beschreibt die völlige Hingabe.

Hatha-Yoga vereinigt also zwei der acht Stufen des Raja-Yoga: die Asanas, die Stellungen, und Pranayama, die kontrollierte Atmung. Durch praktische Körper- und Atemübungen vermehrt es die Körperenergie und bringt sie zum Fließen. Das Konzept, das dem Hatha-Yoga zugrunde liegt, besagt, einfach ausgedrückt, dass man ohne einen flexiblen und starken Körper keinen regen und klaren Geist haben kann. Hatha-Yoga ist derjenige Teil der Yogalehre, der im Westen am bekanntesten ist und uns, die wir in einer leistungsorientierten Gesellschaft leben, am ehesten einen Zugang bietet.

Die Grundlagen des Hatha-Yoga sind

- Atmung,
- Körperübungen,
- Entspannung,
- Meditation,
- Ernährung.

All diese Bereiche ergeben zusammen eine Einheit, sie ergänzen sich.

Daher geht es auch in diesem Buch um Hatha-Yoga.

मछेंद्र्यासन १२

Yogaschulen

Mittlerweile gibt es unzählige Yogaschulen, die alle ihren eigenen Stil entwickelt haben, in dem sie unterrichten: *Sivananda-Yoga, Iyengar-Yoga, Kundalini-Yoga, Bikram-Yoga, Ashtanga- oder Power-Yoga, Integraler Yoga, Ananda-Yoga, Vini-Yoga, Svaroopa-Yoga, Kripalu-Yoga, Kali Ray Triyoga*, um nur einige zu nennen. Alle basieren letztlich auf derselben Grundlage und setzen nur ihren Schwerpunkt jeweils anders:

Beim Ashtanga- oder Power-Yoga zum Beispiel geht es vor allem darum, die Stellungen kraftvoll und dynamisch in einer Folge auszuüben – ein echtes Workout. Bikram-Yogis heizen den Raum auf bis zu 30 Grad auf, um die Muskeln für die Übungen geschmeidig zu machen, und Sivananda-Yoga konzentriert sich auf zwölf klassische Stellungen und die Atemtechnik. Iyengar-Yoga ist die vermutlich der menschlichen Anatomie am genauesten angepasste Form von Yoga.

Alle Yogaschulen lehren die klassischen Yogastellungen, die Asanas, oder Abwandlungen dieser Stellungen. Die Asanas haben bildhafte Namen, die natürlich nicht willkürlich festgelegt wurden, sondern den Geist der Übung beschreiben. Da gibt es den Berg, die Heuschrecke, den Kranich, den Fisch, die Kobra, den Baum usw. Durch das Üben dieser Asanas mit kontrollierter Atmung soll der Yogi eins werden mit dem Universum und all seinen Lebewesen. Kinder freuen sich oft an diesen Namen und sind leicht dazu zu bewegen, «Adler» oder «Hund» zu spielen.

Wenn Sie einen Yogakurs beginnen wollen, probieren Sie einfach aus, welche Richtung Ihnen am meisten zusagt – keine ist besser als die andere. Sie müssen sich aber nicht auf eine Schule, einen Lehrer oder ein Programm festlegen. Vielleicht gefällt Ihnen mal diese, mal jene Schule, und wenn Sie Fortschritte machen, werden sich auch die Bedürfnisse Ihres Körpers ändern. Da kann es dann sinnvoll sein, einen anderen Kurs mit anderen Lehrern zu besuchen oder einfach eine andere Abfolge von Übungen zu wählen.

Yoga ist
nicht so
einfach,
wie es
aussieht.

Christopher

Ganz wichtig: Lassen Sie sich von nichts und niemandem überreden oder zwingen! Gerade wenn Ihr Lehrer meint, dass Sie Ihren Rücken noch ein Stückchen weiter drehen oder das Bein noch ein wenig höher nehmen sollten, oder wenn alle anderen in Ihrem Yogakurs eine bestimmte Stellung ganz mühelos können und Ihr Ehrgeiz erwacht – gehen Sie niemals gegen Ihr Gefühl! Ihr eigener Körper setzt den Maßstab. Niemand kennt Ihren Körper so gut wie Sie.

Mein Tipp ist es, immer bis zur eigenen körperlichen Grenze zu gehen und dann wieder ein Stück zurückzuweichen.

Was Yoga so besonders macht

Gerade in unserem Alltag, in dem wir oft bewegungslos verharren und versteifen, ist es wichtig, den Körper gleichzeitig zu kräftigen und dabei beweglich zu halten, damit Geist und Seele flexibel auf die Anforderungen des Alltags reagieren können.

Yoga kann beides: die Muskulatur aufbauen und gleichzeitig entspannen. Die teilweise anspruchsvollen Haltungen beim Yoga, die niemals unter Druck, sondern lediglich durch die richtige Atmung erreicht werden sollten, trainieren Körper und Geist. So lernen wir auch unter schweren Anforderungen und unter Stress, sei er nun

körperlicher oder seelischer Art, einen Zustand der Ruhe und Gelassenheit zu erreichen.

Yoga arbeitet nicht mit externen Gewichten oder Hilfsmitteln, sondern allein mit dem körpereigenen Gewicht. So kann es selten, und wenn, dann nur «ehrgeizbedingt», zu Überlastungen kommen, und man lernt, die eigenen Grenzen zu respektieren. Die Stellungen (Asanas) wurden über Jahrtausende entwickelt, um jeden Muskel, jeden Nerv und jede Drüse des Körpers zu trainieren. Zu jeder Übung gibt es eine «Gegenübung», die die belasteten

Körperteile wieder entspannt. Man kann Yoga daher auch ohne Gefahr allein ausüben, wenn man einige Grundlagen der Asanas gelernt und verstanden hat.

Fast alle Sportarten in der westlichen Welt sind auf dem Wettbewerbsprinzip aufgebaut. Meist geht es darum, der Schnellste, Stärkste oder Geschickteste zu sein. Yoga ist das Gegenteil. Hier geht es nicht um den Kampf, um Position und Taktik, sondern um den Menschen selbst, um seine Fähigkeiten und Bedürfnisse.

Eine große Regel der Yogaphilosophie lautet: «Tue das, was du tun kannst. Nicht mehr und nicht weniger.»

Das ist es, was Yoga für jeden zu einer zutiefst persönlichen Sache macht, und so entwickelt jeder sein eigenes, individuelles Yoga.

ATMUNG UND MEDITATION

Vom ersten Schrei bis zum letzten Atemzug: Die Atmung ist das Allerwichtigste in unserem Leben. Das alte deutsche Sprichwort «Mir stockt der Atem» kommt nicht von ungefähr. Ein großer Teil der Yogalehre beschäftigt sich mit dem bewussten Atmen.

Bei schwierigen Gesprächen mit unseren Vorgesetzten, mit unseren Partnern oder Kindern scheint uns manchmal die Luft wegzubleiben. Auf einmal merkt man, dass man völlig außer Atem geraten ist, obwohl man sich körperlich überhaupt nicht angestrengt hat. Die Atmung ist wichtig, um Energie zu tanken, und ebenso wichtig zum Entspannen. Der Atem führt das Bewusstsein in die Gegenwart.

Nicht umsonst gibt es viele Bücher über die heilenden Kräfte des Lachens. Denn auf körperlicher Ebene zwingt uns das Lachen dazu, tiefer zu atmen. Man muss mit ganzer Kraft in Lunge und Bauch atmen, um das Zwerchfell in die schnellen Schwingungen zu versetzen, die das Lachen zum Klingen bringen.

Der Kern des Yoga ist es, selbst während der größten Anstrengung ruhig und tief zu atmen. Wenn man es schafft, diese Praxis in den Alltag zu übernehmen, lernt man, sich von schwierigen emotionalen Situationen zu distanzieren und durch die regelmäßige Atmung die Gelassenheit zu bewahren.

Wir lernen, die Situation und unsere Atemreaktion zu trennen.

Meistens sind wir uns gar nicht bewusst, wie oft wir entweder überhaupt nicht mehr atmen oder hyperventilieren. Ein einfaches Beispiel: Wenn mich früher jemand aufforderte, auf einem Bein zu stehen und die Arme nach oben zu strecken, hielt ich un-

35 · DAS VERTRAUEN

bewusst den Atem an, um das Gefühl zu haben, besonders kontrolliert zu sein. Natürlich ist genau das Gegenteil der Fall: Um wirklich die Kontrolle zu behalten, sollte der Fluss der Atmung möglichst gleichmäßig sein.

Die richtigen Atemübungen wirken beruhigend auf Herz- und Nervensystem. So kann man zum Beispiel einen hohen Blutdruck senken, Schlafstörungen beeinflussen oder sämtlichen Arten von Angstzuständen entgegenwirken.

Einatmen wirkt energiezuführend, das Ausatmen beruhigend. Wie inzwischen in vielen Langzeittests bewiesen, stärkt die Yogaatmung das Immunsystem, indem sie Stresshormone reduziert. Sauerstoffreiches Blut wird zu den Organen transportiert, sodass sie optimal funktionieren können. Der einfachste Weg, mit der Kontrolle des Atems zu beginnen, ist, sich zu bemühen, beim Yogaüben nur noch durch die Nase zu atmen.

Beobachte
den Rhythmus deines Atems;
fühle die Luft ein und aus strömen,
fühle die Lebensenergie
in deinem Körper.
Erlaube allem zu sein,
innen und außen.
Erlaube das «So-Sein»
aller Dinge.
Bewege dich tief ins Jetzt hinein.

Eckhart Tolle

Prana

Prana steht nicht nur für den Atem, sondern auch für die Lebensenergie schlechthin, vergleichbar mit dem Chi (Qi) der Chinesen. Die beiden Konzepte sind sich ähnlich, weil China und Indien über Jahrhunderte durch die Seidenstraße, «ihre Handelsverbindung», in ständigem Austausch standen. So verbreiteten sich auch religiöse, soziale und wissenschaftliche Lehren.

Wie *Chi* ist *Prana* die kosmische Kraft, die das Universum belebt. Sie existiert in verschiedenen Formen, vor allem in der Luft, und man nimmt sie durch den Atem und die Nahrung in den Körper auf. Prana fließt durch feinstoffliche Kanäle durch den Körper. Durch spezielle Atemübungen *(Pranayama)* kann man *Prana* erwecken.

Atemübungen

Anleitung: Suchen Sie sich einen Platz, an dem Sie sich wohlfühlen. Setzen Sie sich mit aufrechtem Rücken entspannt hin. Viele Menschen sitzen gern auf einem Kissen im Schneidersitz und falten ihre Hände im Schoß, andere sitzen lieber auf einem Stuhl, aber das ist von Mensch zu Mensch verschieden. Ganz wichtig: Atmen Sie bei allen Atem- und Körperübungen immer nur durch die Nase.

Sie werden sehen: Wenn Sie sich hinsetzen und sich auf die Atmung konzentrieren, werden aus allen Richtungen Gedanken in Ihren Kopf schießen. Wann immer das passiert, erkennen Sie die Gedanken als solche und lassen Sie sie wie Seifenblasen vorüberziehen. Am einfachsten ist es, jeden Gedanken als «Denken» zu erkennen und ihn im selben Moment wieder loszulassen.

Einfache Atemübung I

Wenn ich Schwierigkeiten damit habe, mich nur auf das Ein- und Ausatmen zu konzentrieren, weil die Gehirnmaschine auf Hochtouren arbeitet, hilft es mir, jeden Atemzug in Gedanken zu zählen und zu sehen, wie weit ich komme:

«Eins: einatmen, eins: ausatmen;
zwei: einatmen, zwei: ausatmen;
drei: einatmen, drei: ausatmen … usw.»
Und wieder: Wenn Gedanken in meinen Kopf schießen, benenne ich sie mit «Denken» und lasse sie los und denke sie nicht mehr aktiv weiter.

Wenn Ihre Gedanken Sie aus dem Fluss gebracht haben und Sie sich nicht mehr erinnern können, bei welcher Zahl Sie stehen geblieben sind, fangen Sie einfach wieder von vorne an und beobachten Sie, wie weit Sie diesmal kommen.

Am Anfang kam ich nicht einmal bis zehn und musste dann wieder von vorne anfangen. Auf diese Weise kann man sehr schnell die eigenen Fortschritte erkennen.

Es gibt keine bestimmte Zeit, die Sie für die folgende Übung aufwenden sollten. Machen Sie sie einfach, solange es Ihnen gut tut oder bis Sie mühelos bis 50 zählen.

Der Geist muss leer sein, um klar zu sehen.

Krishnamurti

Für mich war es am einfachsten, die folgende Meditation auf ein Aufnahmegerät oder einen Kassettenrekorder zu sprechen. Nach einer Weile entwickelte ich ein Gefühl für den Rhythmus und die Zeit der Meditationsübung. Bei der Übung beschreibe ich mehrmals eine Pause für zehn Atemzüge. Das bedeutet, dass Sie ruhig sitzen oder liegen bleiben, in Ihrem eigenen Atemrhythmus verweilen und den Beschreibungen, die Sie sich gerade vorgesprochen oder gelesen haben, nachspüren. Nach ungefähr zehn Atemzügen lesen Sie weiter.

Einfache Atemübung II

Die Aufmerksamkeit auf den Atem lenken und einfach nur «Ein» registrieren beim Einatmen und «Aus» beim Ausatmen. Dies hilft, die Konzentration beim Auf und Ab des Atems zu halten.

Den Atem nicht denken und sich ihn auch nicht vorstellen.

Einfach im Jetzt sein.

Mit jedem einzelnen Atemzug «Ein» und «Aus» denken.

Pause für zehn Atemzüge.

Geräusche als «Hören» vermerken.

Gedanken als «Denken» erkennen und loslassen.

Andere Wahrnehmungen als «Fühlen» erkennen und loslassen.

Pause für zehn Atemzüge.

Sich nicht verlieren. Wenn der Geist abschweift, ohne Bewertung sanft zum Atem zurückkehren.

Mit jedem Einatmen «Ein», mit jedem Ausatmen «Aus» denken.

Pause für zehn Atemzüge.

Das Atmen geschieht ganz von selbst.

Das Gesicht ist entspannt, die Schultern sind locker, der Bauch fühlt sich weich an.

Kein Festhalten.

Mit jedem Einatmen «Ein», mit jedem Ausatmen «Aus» denken und geschehen lassen.

Pause für zehn Atemzüge.

Wenn Gefühle in den Vordergrund treten, ruhig erkennen, was sich da als «Sorge», «Wut», «Unsicherheit», «Zweifel» verfestigen will.

Geschehen lassen und zum Atem zurückkehren.

Pause für zehn Atemzüge.

Geräusche kommen und gehen.

Gefühle kommen und gehen.

Sanft zum Atem zurückkehren.

Mit jedem Einatmen «Ein», mit jedem Ausatmen «Aus» denken.

Pause für zehn Atemzüge.

Worte erscheinen aus dem Nichts und fließen wieder ins Nichts.

Sie ziehen vorüber, kommen und gehen.

Sie entstehen und vergehen.

Mit jedem Einatmen «Ein», mit jedem Ausatmen «Aus» denken.

Jeder Atemzug ist einzigartig, mal tief, mal flach, jeder Atemzug ist anders.

Pause für zehn Atemzüge.

Atemübung III in drei Teilen

Auch diese Übung, die aus drei Teilen besteht, hat anfangs am besten funktioniert, als ich sie auf mein Band gesprochen und sie mir vorgespielt habe, denn so konnte ich mich vollkommen der Übung hingeben, ohne das Gefühl zu haben, dass ich auf die Uhr schauen müsste. Aber auch ein gelegentlicher Blick auf die Uhr schadet überhaupt nicht, solange man danach zur Übung zurückkehrt. Wenn Sie das Gefühl haben, aus dem Atemgleichgewicht zu kommen, kehren Sie zu Ihrer natürlichen Atmung zurück. Denken Sie nur wieder Einatmen und Ausatmen, lassen Sie den Atem fließen.

Wenn Sie wieder ruhig atmen, gehen Sie zu dieser Übung zurück.

Wichtig ist nur, dass man nach circa fünf Minuten mit der neuen Stufe anfängt. Wenn Sie diese Übung oft genug wiederholen, werden Sie merken, dass Sie das Tonband bald nicht mehr benötigen. Für die volle Übung brauchen Sie idealerweise 15 Minuten.

Wenn Ihnen eine der Fünf-Minuten-Stufen besonders gut tut, bleiben Sie dabei und steigern sich nach Ihrem ganz eigenen Empfinden.

Eine bequeme Sitzhaltung einnehmen und die Aufmerksamkeit auf den Atem lenken.

1. *Teil*

Der Atem kommt und geht von ganz alleine.

Das Gewicht des Körpers auf dem Stuhl oder auf dem Kissen spüren. Das Gewicht des Kopfes auf dem Hals spüren. Die durch den Atem sich bewegende Brust spüren. Mehr und mehr den Bauch spüren.

Den Bauch entspannen. Einatmen, der Bauch hebt sich, ausatmen, der Bauch senkt sich.

Pause für zehn Atemzüge.

Mit jedem Einatmen neue Energie in den Körper lassen, bei jedem Ausatmen eine Sache, vor der man Angst hat, loslassen und ausatmen.

Pause für zehn Atemzüge.

Alle Sorgen und Ängste herausatmen, sie anschauen, sie aber nicht mehr betreiben.

Loslassen.

Mit jedem Ausatmen vom Schmerz lösen.

Ihn geschehen lassen, ihn aber nicht mehr betreiben.

Auf die Empfindungen in der Brust achten und in den Muskeln, die sich zusammenziehen und dehnen.

Einatmen, ausatmen, kein Zwang.

Pause für zehn Atemzüge.

Immer durch die Nase atmen.

Beobachten, welche Empfindungen die Atmung in den anderen Körperbereichen auslöst.

Langsam einatmen und langsam wieder ausatmen.

Darauf achten, wie die breite, flache Rückenmuskulatur sich mit jedem Ein- und Ausatmen anspannt und wieder lockert.

Einatmen, ausatmen, alles geschehen lassen.

Pause für zehn Atemzüge.

Der neuen Energie im weichen Bauch Raum geben.

Den Bauch sanft und weich machen, um den ganzen Atem zu spüren.

Wieder ruhig einatmen und ruhig ausatmen.

Auch den Empfindungen im Unterleib nachspüren.

Einatmen, ausatmen, alles geschehen lassen.

Pause für zehn Atemzüge.

Wenn der Geist abschweift, wieder sanft zum Atem zurückkommen.

Gefühle entstehen und vergehen von Augenblick zu Augenblick.

Sie ziehen vorüber, kommen und gehen, entstehen und vergehen.

Pause für zehn Atemzüge.

2. Teil

Die Aufmerksamkeit auf den Luftstrom des Atems lenken.

Die Empfindungen beobachten, die bei jedem Ein- und Ausatmen im Körper entstehen.

Auf die Pause zwischen dem Einatmen und dem Ausatmen achten.

Pause für zehn Atemzüge.

Auf den genauen Beginn, den Mittelpunkt und das Ende vom Atem achten und die nachfolgende Pause bemerken.

Bewusst das Einatmen beobachten und den kurzen Punkt registrieren, an dem die eingeatmete Luft wieder freigegeben und ausgeatmet wird.

Beim Ausatmen bewusst das Ausatmen erleben und sich dann auf den Punkt konzentrieren, an dem die Luft ausgeatmet ist und man wieder einatmet.

Pause für zehn Atemzüge.

Beim nächsten Einatmen wieder bis zu dem Punkt atmen, an dem die Lungen gefüllt sind und nicht geatmet wird.

Diesen Punkt erkennen und ihn ein wenig verlängern. Den Moment bewusst erleben, an dem nichts passiert und die Atmung still ist. Dann wieder ausatmen.

Pause für zehn Atemzüge.

Tief und ruhig einatmen.

Dann den Punkt vor dem Ausatmen wiederfinden, der ganz ruhig ist und an dem nichts geschieht, und wieder ausatmen.

Auch nach dem Ausatmen wieder die kleine Pause spüren.

Pause für zehn Atemzüge.

Wiederholen Sie diese Übung drei- bis zehnmal. Wenn sie Ihnen mühelos gelingt, lassen Sie die Pausen zwischen dem Ein- und Ausatmen etwas länger werden. Sobald Ihr Atem in irgendeiner Weise aus dem Rhythmus erscheint, kehren Sie zu Ihrer natürlichen Atmung zurück.

3. Teil

Und nun das Gefühl registrieren, das der Atem an den Nasenlöchern hervorruft.

An welcher Stelle ist es am deutlichsten?

Kann man den Atem am deutlichsten an der Nasenspitze spüren?

Oder in den Öffnungen der Nasenlöcher?

Oder vielleicht sogar an der Oberlippe?

Pause für zehn Atemzüge.

Die Aufmerksamkeit an den Punkt lenken, an dem man den Atem am meisten spürt.

Langsam und ruhig ein- und ausatmen.

Pause für zehn Atemzüge.

Wenn die Konzentration für einen Moment durch einen Gedanken abgelenkt wird und sich verliert im Planen oder Denken, ohne Bewertung zu dem Punkt an der Nase zurückkehren, an dem man den Atem am meisten spüren kann.

Sanft einatmen, ruhig ausatmen.

Pause für zehn Atemzüge.

Ist der Atem kalt beim Einströmen und warm, wenn er ausströmt?

Jede Empfindung wahrnehmen.

Und zum Atem zurückkehren.

Langsam und ruhig ein- und ausatmen.

Pause für zehn Atemzüge.

Den Atem seinem natürlichen Strom überlassen, nicht festhalten, nur beobachten.

Ruhig ein- und ausatmen.

Die Gedanken kommen und gehen lassen und sanft zum Atem zurückkehren.

Jede Bewertung, jedes Verlangen, jede Vorstellung wie einen Nebel vorüberziehen lassen.

Ruhig ein- und ausatmen.

Pause für zehn Atemzüge.

Solange man fest im Augenblick bleibt, gibt es keine Ablenkung.

Immer wieder zum Atem zurückkehren.

Versuchen, den kleinen Punkt an der Nase zu spüren, an dem der Atem vorbeistreicht.

Pause für zehn Atemzüge.

Den Abstand zwischen den Atemzügen beachten.

Die Luftströme an den Nasenlöchern spüren.

Eine Übung, an die ich zum Beispiel bei Panikattacken sehr glaube, ist *Nadi Sodhana*, die Wechselatmung. Wenn Sie am Anfang Ihre Luft nur sehr kurz anhalten können, lassen Sie sich nicht verunsichern; Ihre Sicherheit wird mit der Wie-

derholung dieser Übung kontinuierlich wachsen. Übernehmen Sie sich jedoch niemals, achten Sie genau auf die Signale Ihres Körpers. Wenn Ihnen schwindelig oder unwohl wird, brechen Sie die Übung ab.

Atemübung IV:
Wechselatmung – Nadi Sodhana

Nadi Sodhana ist das Yogawort für Wechselatmung. Das Ziel dieser Atemübung ist es, körperlichem und geistigem Stress entgegenzuwirken. In der Yogaphilosophie entspricht das linke Nasenloch der passiven Seite, das rechte der aktiven. Die Wechselatmung wurde entwickelt, weil die Yogameister schon lange wussten, was Wissenschaftler erst jetzt beweisen konnten: Wir atmen nicht gleichmäßig durch beide Nasenlöcher. In einem Zyklus, der gewöhnlich einige Stunden dauert, atmen wir entweder nur durch das eine oder durch das andere Nasenloch.

Diese Atemtechnik hilft nicht nur, gleichmäßiger durch das rechte oder das linke Nasenloch zu atmen – durch sie kann man die aktive und die passive Seite des Körpers in Harmonie bringen.

Suchen Sie sich einen bequemen Platz, Rücken und Nacken sind gerade.

Legen Sie den rechten Daumen an das rechte Nasenloch.
Zeige- und Mittelfinger werden angewinkelt, und Ring- und kleiner Finger liegen am linken Nasenloch.
Verschließen Sie jetzt das linke Nasenloch und atmen Sie rechts ein.
Dann verschließen Sie das rechte Nasenloch und atmen Sie links wieder aus.
Zählen Sie beim Ein- und Ausatmen jeweils bis vier.
Wiederholen Sie diese erste Variante der Übung zehn- bis zwölfmal.

Mit etwas mehr Übung kann man diese einfache Art der Wechselatmung erweitern:

Etwa vier Sekunden einatmen,
beide Nasenlöcher zuhalten,
dann den Atem etwa vier Sekunden lang anhalten.
Atmen Sie nun vier Sekunden lang aus
und halten Sie den Atem wieder vier Sekunden lang an.

Wenn Sie diese Übung beherrschen, können Sie die Intervalle bis auf sechs oder acht Sekunden erhöhen oder auch solange die Atmung dadurch in keiner Weise beeinträchtigt wird und ruhig und sanft weiterfließen kann.

TRAURIGE STIMMUNGEN UND DEPRESSIONEN

Fahrradfahren lernen

Wenn man eine Katastrophe durchleidet, ist es, als müsste man als Erwachsener noch einmal von neuem Fahrradfahren lernen, sagt mein Freund Yeshe, ein tibetischer Mönch.

Zuerst traut man sich nur auf den Sattel, wenn einem jemand das Fahrrad festhält, hinter einem herläuft und aufpasst, dass man nicht umfällt.

Nach einer Weile ist man vielleicht so weit, dass man Stützräder anschraubt; vorsichtig, von einer Seite auf die andere kippelnd, hat man immer noch das Gefühl, bei dem ersten kleinen Hindernis sofort hinzufallen.

Irgendwann fühlt man sich mutig genug, die Stützräder abzuschrauben – und fährt wacklig ein paar Meter.

In weiser Voraussicht sucht man sich vielleicht erst einmal Gras zum Üben aus, damit der Sturz nicht so schmerzhaft wird.

Nach einer weiteren Zeit des Übens traut man sich zurück auf die Straße des Lebens. Noch konzentriert man sich auf den Boden statt auf den Horizont und traut sich nur von Zeit zu Zeit, den Blick zu heben.

Irgendwann kommt der Moment, in dem man wieder alleine geradeaus fährt, den Horizont fest im Blick, zwar immer noch ängstlich, aber immerhin fährt man und traut sich vielleicht schon wieder, die eine oder andere Kurve zu nehmen.

Mit der Zeit gewinnt man seine Sicherheit zurück. Es wird eine andere Sicherheit sein als die, die man verloren hat, eine zaghaftere, zerbrechlichere, unerfahrene.

Aber nach kontinuierlichem, diszipliniertem, kraftvollem Üben wird man wieder zu sich zurückfinden und eine neue Art von Glück spüren können.

Traurige Stimmungen und Depressionen fühlen sich für mich an, als ob ich in meinem eigenen Gefängnis säße. Bei den meisten Menschen sind diese Stimmungen durch ein Ereignis ausgelöst und an dieses gebunden, in meinem Fall sicher an den unerwarteten Tod meines geliebten Kindes Daniel.

Besondere Tage, so wie sein Geburtstag, Weihnachten, Ostern, sein Todestag usw., werfen bereits Wochen vorher ihre langen Schatten voraus. Und oft lasse ich mich fangen, einwickeln, lähmen. Das hat damit zu tun, dass unsere Gedankenmaschine schon lange in der Zukunft weilt und Düsteres prophezeit. Oder noch schlimmer: dunkle Erinnerungen aus der Vergangenheit hervorholt.

Meine Art von Depression fängt meist mit totaler Lustlosigkeit an. Ich will morgens nicht mehr aufstehen, will mit niemandem reden, nicht hinausgehen. Meine Energie sinkt auf den Nullpunkt, ich habe keinen Hunger mehr, und da ich nicht mehr aufstehe, kann mein Körper die «traurige Energie» nicht durch Abwechslung und körperliche Bewegung ablassen. Nachts kann ich dadurch auch nicht mehr schlafen.

Das ist natürlich nur meine ganz eigene und persönliche Art von Depression. Meine Traurigkeit ist ganz klar mit einem Ereignis in meinem Leben verknüpft, das unabänderlich ist und das ich nie wirklich verkraften werde. Ich habe Yoga gefunden, mein «Werkzeug», das mir hilft, mich einigermaßen klar durch schwierige Zeiten zu schaukeln.

In ein «schwarzes Loch» gerate ich immer seltener, weil ich immer wieder übe, in der Gegenwart zu bleiben. Inzwischen habe ich eine Art Frühwarnsystem entwickelt, das verhindert, dass ich mich in unfruchtbare Gespräche über meinen Schicksalsschlag verwickeln lasse. Fragen nach Daniel und die Ursachen des Unfalls, wie gut auch immer sie gemeint sind, auch von wirklich guten Freunden, versuche ich noch im selben Moment im Keim zu ersticken. Auch meinen eigenen Drang, immer wieder darüber sprechen zu wollen, muss ich zügeln. Ich darf mich nicht mehr darauf einlassen, denn ich weiß, es gibt keine Heilung in der Vergangenheit. Es bringt nichts, an den schlimmsten Ort meines Lebens gedanklich zurückzukehren. Es ist niemand dort, der antworten oder mir helfen kann. Die einzige Antwort, die dort auf mich wartet, ist der Schmerz.

Yoga trainiert Geist und Körper, und ich bemerke inzwischen schon sehr frühzeitig, wann sich meine Gedanken verselbständigen. Ich versuche, diszipliniert jeden Tag meine Yogaübungen zu machen und mich zu beobachten. So bin ich in der Lage, meine Traurigkeit und Verzweiflung in einem gesunden Verhältnis zur Realität zu halten. Die Energie, an wirklich schweren Tagen die Disziplin zu Yoga aufzubringen, ist einfacher, wenn der Körper das Üben gewohnt ist, denn dann ist das Bedürfnis von der körperlichen Seite aus bereits da.

Wenn Ärzte zu Bewegung gegen traurige Stimmungen und Depressionen raten, haben sie Recht. Auch ein Waldlauf oder eine Aerobicstunde können helfen. Das Problem ist nur, dass man dazu das Haus verlassen muss, und manchmal will man eben niemanden sehen. Yoga kann man auch in einer stillen Ecke zu Hause machen.

Kurz bevor die Sonne aufgeht,
ist die Nacht am dunkelsten.

Selma Lagerlöf

- Je regelmäßiger Sie Ihre Yogaübungen machen, desto besser und nachhaltiger ist das Ergebnis. Sie werden sehen, dass Ihnen die Übungen von Mal zu Mal leichter fallen, dass sich Verspannungen lösen und der Körper insgesamt kräftiger und beweglicher wird. Es dauert eine Weile, bis man die Stellungen perfekt beherrscht. Oft muss man länger bei den Zwischenstufen verweilen, bis man die Endposition erlangt. Beim Yoga kommt es nicht darauf an, dass Sie sofort alle Übungen schaffen, sondern darauf, dass Sie es geduldig und ohne Druck versuchen. Zwingen Sie niemals Ihren Körper über seine natürliche Grenze hinaus!
- Machen Sie Ihre Übungen zu einer Zeit, in der Sie ungestört sind. Morgens ist zwar der Körper noch steif, aber der Geist wach und klar. Abends ist der Körper beweglicher, aber der Geist schon ein wenig müde.
- Sie sollten möglichst nicht unmittelbar vorher gegessen haben, denn die Verdauungstätigkeit macht Körper und Geist träge.
- Tragen Sie lockere, wärmende Kleidung und üben Sie weder in kalten Räumen noch direkt in der Sonne.
- Üben Sie auf einer rutschfesten Matte und achten Sie darauf, immer stabil zu stehen.
- Achten Sie unbedingt darauf, dass Sie immer normal und regelmäßig *durch die Nase* atmen und den Atem nicht anhalten, sonst können Sie sich verspannen. In einigen Stellungen können Sie die einfache Atemübung I machen (siehe S. 37).
- Bestimmte Übungen können Ihre persönlichen Schwachpunkte zutage fördern. Wenn Sie plötzlich Rücken-, Hüft- oder Knieschmerzen haben, bitten Sie einen Yogalehrer oder einen Arzt um Rat. Anhaltende Schmerzen sind meist die Folge von falsch ausgeführten Übungen oder eines möglicherweise ernsten körperlichen Problems.

- Nach Operationen oder Verletzungen sollten Sie ausreichend Zeit verstreichen lassen, bevor Sie mit Yoga beginnen. Fragen Sie Ihren Arzt. Fieber und andere akute Krankheiten verlangen Ruhe. Danach können Sie wieder mit leichten Übungen beginnen.

Es ist immer die Abfolge der Übungen, die gegen ein bestimmtes Krankheitsbild wirkt. Einige Übungen werden in diesem Buch daher mehrfach aufgeführt.

Übungen, die gegen traurige Stimmungen
und Depressionen helfen können

Die Sequenz gegen Depressionen legt ihren Schwerpunkt auf die Umkehrstellungen, in denen der Kopf nach unten gehalten wird. So gelangt mehr Lebensenergie in den Kopf, der Geist wird wach, und die Stimmung hellt sich auf.

Sequenz eins: Bei Trauer und Depression

1. Urdhva hastasana –
Der Berg mit erhobenen Armen
Die Füße parallel nebeneinander stellen, sodass sich die großen Zehen und die Innenseiten der Fußknöchel berühren. Die Beine sind gerade, der Oberkörper ist aufgerichtet, die Schultern sind entspannt, der Hals ist lang, der Blick geht gerade nach vorne. Dann beide Arme nach vorne und dann so weit wie möglich nach oben strecken. Handflächen öffnen, Finger zusammenlassen. Ruhig ein- und ausatmen. 30 Sekunden bis eine Minute halten, dann lösen. Ruhig ein- und ausatmen.

2. Adho mukha vrksasana – Der Baum mit dem Gesicht nach unten: Handstand

Der Handstand erfordert vor allem Mut. Um die Angst zu überwinden, fangen Sie am besten zunächst mit der einfachen Variante für Anfänger an. Wenn Sie sich kräftig genug und sicher fühlen, probieren Sie die Variante für Fortgeschrittene.

Für Anfänger:

Eine Tür weit öffnen und in den Türrahmen stellen, der Körper ist zur linken Seite des Rahmens gewandt und kehrt der anderen den Rücken zu. Die Hände ungefähr zehn Zentimeter vor dem Rahmen in Schulterbreite aufsetzen. Die Ellenbogen durchstrecken und die Arme parallel halten. Mit den Füßen in Richtung Hände gehen, so weit es möglich ist. Beim Ausatmen erst mit dem einen Bein hochgehen und dann mit dem anderen nachfolgen. Kopf und Hals entspannen. 30 Sekunden halten. Beim nächsten Ausatmen erst das rechte, dann das linke Bein vorsichtig wieder auf den Boden setzen.
- Den Kopf einen Moment unten lassen, bevor Sie sich aufrichten.

Für Fortgeschrittene:

- Etwa einen Meter entfernt mit dem Gesicht zur Wand stellen. Die Hände ungefähr zehn Zentimeter vor der Wand in Schulterbreite aufsetzen. Ellenbogen durchstrecken und Arme parallel halten. Mit den Füßen in Richtung Hände gehen, so weit es möglich ist. Beim Ausatmen erst das eine, dann das andere Bein nach oben schwingen. Den Oberkörper, die Beine und die Füße an der Wand strecken. Kopf und Hals entspannen. 30 Sekunden bis eine Minute halten. Ruhig atmen. Beim nächsten Ausatmen die Beine so langsam wie möglich wieder auf den Boden bringen, um die Zehen nicht zu verletzen.
- Den Kopf einen Moment unten lassen, bevor Sie sich aufrichten.
- Machen Sie diese Übung nicht, wenn Sie Ihre monatliche Blutung haben!

3. Viparita dandasana – Die umgekehrte Stange

Quer auf ein Bett legen, sodass der Oberkörper bis unter den Schulterblättern auf der Matratze aufliegt und. Schultern, Kopf und Arme von der Bettkante herunterhängen. Den Kopf zurückneigen und mit dem Scheitel auf den Boden aufsetzen. Die Arme über den Kopf strecken und mit den Händen jeweils die Ellenbogen des anderen Arms fassen. Normal atmen und 5 bis 10 Minuten lang so halten.

- Wenn das Bett zu hoch ist oder Sie das Gefühl haben, dass Rücken, Hals und Nacken durch diese Stellung zu sehr belastet werden, falten Sie einige Decken zusammen und legen sie unter Ihren Kopf.

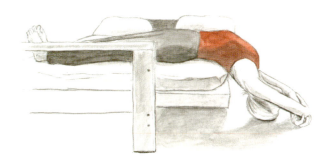

4. Salamba sarvangasana – Der unterstützte Schulterstand

Einen Stapel Decken oder ein dickes Polster vor ein Bett legen. Quer auf die Matratze legen und mit dem Gesäß nah an die Bettkante heranrücken. Dann vorsichtig zurücklehnen und die Schultern auf die Decken legen, sodass sich der Kopf auf dem Boden, die Schultern auf dem Polster und das Kreuzbein auf der Bettkante befinden. Die gestreckten Arme parallel zum Oberkörper unter das Bett strecken, wenn nötig, am Bettbein festhalten. Den Rücken wölben und den Brustkorb öffnen, aber Hals und Nacken dabei entspannen, die Beine möglichst senkrecht nach oben strecken. Fünf bis zehn Minuten halten. Vorsichtig vom Bett auf den Boden rutschen und die Stellung lösen.

- Wenn Sie das Gefühl haben, dass Ihr Rücken in dieser Stellung zu sehr belastet wird, können Sie ein Polster oder gefaltete Decken unter Ihr Gesäß legen und so den Rücken strecken.

5. Setu bandha sarvangasana – Die unterstützte Brücke

Einen Stapel Decken oder ein dickes Polster vor ein Bett legen. Quer auf die Matratze legen und mit dem Gesäß nah an die Bettkante heranrücken. Dann vorsichtig zurücklehnen und die Schultern auf die Decken legen, sodass sich der Kopf auf dem Boden, die Schultern auf dem Polster und das Kreuzbein auf der Bettkante befinden. Die Bettkante sollte gegen die unteren hinteren Rippen drücken, damit sich der Rücken wölbt und der Brustkorb öffnet. Die gestreckten Arme parallel zum Oberkörper unter das Bett strecken, wenn nötig, am Bettbein festhalten. Oberkörper rückwärts beugend strecken, Beine gestreckt halten. Tief atmen, fünf bis zehn Minuten – oder solange es angenehm ist – so liegen bleiben. Vorsichtig vom Bett auf den Boden rutschen und die Stellung lösen.

- Für eine sanftere Dehnung: einen Stapel Decken auf den Boden legen. Mit dem Rücken auf den Stapel legen – und zwar so, dass Schultern, Arme, Nacken und Hals auf dem Boden liegen und der untere Oberkörper sowie das Gesäß auf dem Deckenstapel. Die Beine sind parallel und gestreckt. Ruhig atmen, fünf bis zehn Minuten – oder solange es angenehm ist – so liegen bleiben.

6. Chatur padasana – Einfacher Bogen

Gerade auf den Rücken legen. Die Arme liegen lang neben dem Oberkörper. Die Beine sind angewinkelt; die Füße setzen hüftweit voneinander entfernt direkt am Gesäß auf. Jetzt das Becken so weit wie möglich nach oben ziehen. Kopf, Nacken und Schultern bleiben am Boden, sodass der Körper einen Bogen bildet. Normal atmen, 30 Sekunden bis eine Minute halten. Dann lösen und wieder auf den Boden legen.

- Wenn möglich, die Fersen mit den Händen fassen, jedoch nur, wenn die Knie rechtwinklig über den Fersen bleiben können.

7. Adho mukha svanasana –
Der Hund mit dem Gesicht nach unten

Auf den Bauch legen. Die Füße etwa 30 Zentimeter weit öffnen, Ellenbogen anwinkeln und neben dem Brustkorb aufsetzen. Die Finger spreizen, der Mittelfinger zeigt direkt nach vorne. Die Hände liegen parallel zueinander und in einer Linie mit den Füßen.

Dann auf die Knie gehen; die Zehen sind aufgesetzt, Kopf und Oberkörper waagerecht, die Arme stützen gestreckt den Oberkörper. Jetzt die Beine strecken und die Fersen so weit wie möglich auf den Boden senken. Kopf und Oberkörper zeigen nach unten; das Gesäß ist der höchste Punkt des Körpers. Das Gewicht verlagert sich auf die Beine und Fersen. Kopf- und Halspartie entspannen. Ein bis zwei Minuten halten.

- Als Anfänger werden Sie die Fersen vermutlich nicht auf den Boden aufsetzen können. Versuchen Sie, die Fersen langsam zu heben und zu senken, um so die Beinrückseiten sanft zu dehnen.

8. Savasana – Die Totenstellung

Zwei oder drei längs gefaltete Decken oder eine Polsterrolle unter die Lendenwirbelsäule, den oberen Rücken und den Kopf platzieren und mit dem Rücken darauf legen. Das Kinn in Richtung Brust ziehen, um den Nacken sanft zu dehnen. Die Arme mit nach oben geöffneten Handflächen locker zu den Seiten fallen lassen. Die Gesichts- und Kiefermuskulatur bewusst entspannen und normal und regelmäßig atmen, so lange es gut tut; mindestens jedoch 5 Minuten.

- Wenn nötig, eine Decke über den Körper legen. Die einfache Atemmeditation aus dem Kapitel Atmung und Meditation machen.

ANGST UND PANIK

Angst hat viele Gesichter: Unruhe, Sorge, Nervosität, Anspannung, Phobien und Panikattacken.

Meine Schwägerin besuchte ein klassisches Konzert. Sie hatte sehr gute Karten und saß relativ weit vorne in der Mitte der Reihe. Plötzlich merkte sie, wie ihr der kalte Schweiß ausbrach, ihr Herz zu hämmern anfing, der Boden sich unter ihren Füßen wölbte und sie Todesangst hatte. Sie stand in dem Konflikt, sofort den Saal verlassen zu wollen, gleichzeitig aber zu wissen, dass das Aufstehen die Menschen aus ihrer Konzentration reißen würde. Sie hatte Angst davor, zu stören und respektlos zu erscheinen. So saß sie noch eine ganze Weile fast in Todesangst da, bis sie am Ende nicht anders konnte, als doch noch während der Aufführung den Saal zu verlassen.

Schon in der Halle fühlte sie sich ruhiger. Dennoch holte sie sich ihren Mantel, ließ das Auto stehen und nahm sich ein Taxi nach Hause. Am nächsten Tag rief sie sofort ihren Internisten an und machte einen Termin, um sich durchchecken und vor allem ihr Herz untersuchen zu lassen. Der Internist konnte nichts finden und überwies sie an einen Neurologen, der auch nichts finden konnte, aber in seiner Diagnose vorsichtig das Wort «Panikattacke» erwähnte.

Meine Schwägerin, damals 38 Jahre alt, konnte sich überhaupt nicht vorstellen, wie sie, die in ihrem Leben bisher ohne jegliche Hilfe alle schwierigen Situationen gemeistert hatte, plötzlich zu einer Panikattacke kommen sollte.

Durch die Ergebnisse des organischen Gesundheitsbefundes ein wenig beruhigt,

hoffte sie, dass dies ein einmaliges Erlebnis gewesen war, doch die Symptome kamen immer wieder, oft in Situationen, die etwas Unausweichliches hatten, an Orten, die sie nicht sofort verlassen konnte, wie z. B. U-Bahnen oder Fahrstühle.

Nach einer Weile kam noch ein weiterer Aspekt dazu – die Angst vor der Angst. Sie fühlte sich extrem hilflos, und allein das Bewusstsein, dass dieser Zustand des Kontrollverlusts jederzeit über sie hereinbrechen konnte, lähmte sie in allen Lebensbereichen. Ihr Gehirn gehörte ihr nicht mehr; obwohl sie wusste, dass es keinen rationalen Grund für eine Panikattacke in der U-Bahn gibt, spielten ihr Körper und Geist verrückt.

Sie traute sich kaum mehr aus dem Haus.

Es gibt eine Theorie, nach der Angstzustände durch den Wunsch nach einem grossen Schritt oder einer Trennung entstehen, gegen den die vermeintliche Unfähigkeit steht, diesen Schritt zu tun. Der Konflikt zwischen dem, was man will, und dem, was man zu können glaubt, erscheint unlösbar und wird in das Unterbewusstsein verlagert. Von dort kommt er in den unterschiedlichsten Situationen potenziert wieder an die Oberfläche.

Nach mehrmaligen Panikattacken, die auch klaustrophobischer Natur waren, konsultierte meine Schwägerin nochmals ihren Neurologen und sagte ihm, dass der erste Vorfall kein einmaliges Erlebnis gewesen war. Daraufhin riet er ihr zu einer Verhaltenstherapie und zu Yoga.

Der Therapeut, der zum Glück begriff, was in ihrem Fall zu tun war, gab ihr als Hausaufgabe auf, U-Bahn zu fahren und sich dabei sozusagen als «Reporterin» in ihren eigenen Körper zu setzen, genau zu beobachten, in welcher Reihenfolge die Reaktionen ihres Körpers stattfanden, und sie dann aufzuschreiben: erst die Schweißausbrüche, das anschließende Herzklopfen – und zu beobachten, was weiter passierte.

Zu ihrem Erstaunen war das U-Bahn-Fahren nun lange nicht so schlimm, wie sie es erwartet hatte, denn durch das bewusste Beobachten ihrer Reaktionen ebbte die Angst vor dem Kontrollverlust ab. Die Erfahrung, dass sie die Kontrolle aus der Hand geben und die Angst zulassen konnte, ohne dabei unterzugehen, gab ihr die Sicherheit zurück, die sie glaubte, verloren zu haben.

Yoga funktioniert ganz ähnlich: Spannend wird es, wenn man bei einer Yogaübung Widerstand spürt, die Übung nicht mehr machen will, weil man sie nicht mag oder weil sie wehtut – und dann den Widerstand zuzulassen, in den Schmerz zu atmen, sich dabei zu beobachten und festzustellen, dass sich in der vollkommenen Hingabe plötzlich etwas öffnet, was den Schmerz eventuell verschwinden lässt.

Gerade in diesen unangenehmen Übungen liegt das größte Glück, wenn man den seelischen und körperlichen

Widerstand zulässt. Yoga ist für mich auch deshalb so wertvoll, weil ich dabei im Kleinen übe, Gefühle anzunehmen und loszulassen, und es dann sozusagen «von der Matte weg» im Großen, im Leben anwenden kann.

Meine Schwägerin ist inzwischen so weit geheilt, dass sie, wenn sie die Symptome einer Panikattacke spürt, sie sofort als solche erkennt und sich mit einfachen Atemübungen wieder beruhigen kann.

Wirkliche Erfolge in der Therapie von Angstzuständen sind das Ergebnis kontinuierlicher und disziplinierter Übung. Ich zum Beispiel muss immer wieder an meiner Flugangst arbeiten.

Mir gelingt es mittlerweile ganz gut, Paniksituationen in den Griff zu bekommen, indem ich meine Gedanken beobachte und eine Technik anwende, die der des Therapeuten meiner Schwägerin sehr ähnelt.

Wir alle befinden uns immer im Hier und Jetzt, anders kann es gar nicht sein. Nur wenn wir Angst haben oder uns Sorgen machen, schicken wir unseren Geist in die Zukunft. Folgen wir ihm, verlieren wir den Kontakt zur Gegenwart. Solange wir das nicht bemerken, werden uns Angst und Sorge ständig begleiten.

Ängste drehen sich immer um etwas, das *vielleicht* passieren könnte, und nicht um etwas, das *jetzt* und im Moment tatsächlich geschieht.

Mit der Gegenwart kommt man zurecht. Aber mit der Zukunft ist man immer überfordert.

Man versäumt das Jetzt, das Wichtigste und Wertvollste.

Die Gegenwart ist so wertvoll, weil sie das Einzige und alles ist, was überhaupt existiert. Das Leben ist jetzt, es gibt nie eine Zeit, in der das Leben nicht jetzt ist, und es wird eine solche Zeit auch nicht geben. Es ist nicht möglich, dass jemals etwas außerhalb der Gegenwart passiert.

> Nichts ist jemals in der Vergangenheit passiert.
> Und nichts wird jemals in der Zukunft passieren.
> Es passiert in der Gegenwart.

Um leichter aus dem Zustand der Angst in die Gegenwart zu gelangen, möchte ich Ihnen Übungen vorstellen, die effektiv helfen können.

Auch die Atem- und Meditationsübungen, die ich im Kapitel «Atmung und Meditation» beschreibe, helfen sehr bei Angst und Panikattacken. Besonders die einfache Atemübung auf Seite 39 finde ich persönlich so wertvoll, weil man sie jederzeit und überall praktizieren kann, auch wenn man nicht zu Hause an einem ungestörten Ort ist.

Gegenwärtig sein
löscht Zeit aus,
und ohne Zeit
kann Leiden,
kann Negativität
nicht überleben.

Eckhart Tolle

Sequenz zwei: Bei Angst und Panik

1. Urdhva hastasana –
Der Berg
Anleitung siehe Seite 58

2. Uttanasana I –
Die Vorwärtsbeuge mit unterstütztem Kopf
Vor einen Tisch, eine Stuhllehne oder die Arbeitsplatte in der Küche stellen. Im aufrechten Stand die Beine etwa 30 Zentimeter weit öffnen. Mit den Händen die Ellenbogen des jeweils anderen Arms fassen, einatmen und die Arme über den Kopf heben. Dabei die Ellenbogen zurücknehmen. Dann ausatmen und den Oberkörper und die Arme aus der Hüfte heraus nach vorne beugen und auf die Kante des Tisches, der Stuhllehne oder der Arbeitsplatte ablegen. Die Stirn auf die Unterarme legen, das Gesicht schaut nach unten. Kopf und Hals entspannen. Ruhig atmen und ein bis zwei Minuten so bleiben, dann lösen und aufrichten.

Ruhig atmen und so lange wie möglich halten.

3. Prasarita padottasana I – Die Vorwärtsbeuge mit gegrätschten Beinen

Im entspannten Stand die Hände an die Hüften legen. Die Füße im Abstand von etwa anderthalb Metern genau parallel stellen. Ausatmen und den Oberkörper mit gestrecktem Rücken nach vorne in die Waagerechte neigen. Oberkörper stark vorwärts strecken. Die Handflächen oder Fingerspitzen zwischen den Beinen schulterweit auf den Boden legen. Falls nötig, können die Hände auf etwas abgestützt werden (z. B. auf einem dicken Buch).

Dann ausatmen und den Oberkörper so weit wie möglich nach unten neigen. Falls das nicht möglich ist, folgende Variante versuchen: den Kopf mit ein paar festen Kissen unterstützen. Unterarme senkrecht, Oberarme parallel zum Boden halten. Oberkörper und Kopf entspannen. 30 Sekunden bis eine Minute halten. Dann einatmen und mit geradem Rücken hochkommen, die Hände in die Hüften stemmen und sich ganz aufrichten.

4. Sirsasana – Der Kopfstand an der Wand

Eine gefaltete Decke oder gefaltete Matte auf den Boden vor eine Wand legen. Vor der Decke niederknien, Füße und Knie sind geschlossen. Die Unterarme schulterweit parallel zueinander auflegen und die Handgelenke so weit zueinander bringen, dass die Hände gefaltet werden können und eine Schale bilden. Die Knöchel der Mittelfinger berühren ganz die Wand.

Dann den Scheitel auf den Boden setzen; den Hinterkopf in die durch die Hände gebildete Schale legen.

Jetzt die Beine strecken, das Gesäß anheben und auf Zehenspitzen so nah wie möglich zum Körper wandern, bis der Oberkörper fast senkrecht steht. Dabei darauf achten, dass die Schultern nicht zur Wand oder in Richtung Boden fallen. Unterarme in den Boden pressen, um die Schultern anzuheben.

Dann die Beine hochbringen und zunächst angewinkelt lassen, bis die Füße die Wand berühren und das Gleichgewicht erreicht ist.

Die Beine nach oben strecken, Gesäß und Fersen berühren die Wand. Den Oberkörper strecken und bewusst mit den Unterarmen Gewichtsverlagerungen ausgleichen. Eine bis fünf Minuten lang halten, dann mit gebeugten Beinen vorsichtig nach unten kommen, um die Zehen nicht zu verletzen.

- Versuchen Sie, allmählich das Gleichgewicht auch ohne die Wand zu halten, indem Sie erst das Gesäß, dann die Füße einige Zentimeter von der Wand lösen.
- Wenn Sie einen Druck im Kopf spüren oder sich sonst unwohl fühlen, brechen Sie die Übung ab und versuchen Sie sie an einem anderen Tag. Fragen Sie Ihren Yogalehrer und einen Arzt, wenn die Symptome anhalten.
- Machen Sie diese Übung nicht, wenn Sie Ihre monatliche Blutung haben!

77 · DAS VERTRAUEN

5. Parsvottanasana –
Die seitliche Streckung mit Stuhl

Die Füße etwas mehr als einen Meter voneinander entfernt aufstellen. Oberkörper strecken, Brustkorb öffnen. Rechtes Bein und rechten Fuß etwa 60 Grad nach innen, das linke Bein 90 Grad nach außen drehen. Jetzt die Hüften und den Oberkörper zum linken Bein nach vorne drehen. Den Brustkorb öffnen und wölben, den Kopf zurücklegen und nach oben schauen, ohne den Hals zu überdehnen. Zweimal tief atmen. Ausatmen und den gestreckten Oberkörper zum linken Bein senken, während die Beine gestreckt bleiben. Die Arme nach vorne strecken und mit den Händen auf der Lehne oder der Sitzfläche eines Stuhls ablegen. 20 bis 30 Sekunden halten. Einatmen und mit geradem Rücken aufrichten. Die Übung auf der rechten Seite wiederholen.

- Wenn Sie sich dazu in der Lage fühlen, können Sie die Übung auch ohne Stuhl machen und stattdessen die Hände auf den Boden auf jeder Seite neben den linken Fuß platzieren.

6. Parvatanasana – Der Berg im Heldensitz

Aufrecht auf die Fersen setzen, die Knie zeigen parallel nach vorne und berühren sich. Dann die Füße etwas auseinander bringen, das Gesäß kurz anheben und die Füße noch weiter öffnen. Das Gesäß dazwischen auf den Boden oder auf ein Kissen setzen.

Hände falten. Handflächen nach außen drehen, Arme nach vorne und nach oben strecken. Den Rumpf mit den Armen nach oben ziehen. Wenn möglich, die Arme weiter nach hinten nehmen. 15 bis 20 Sekunden so bleiben, dann die Arme senken.

7. Virasana –
Der Held: Vorwärtsbeuge

Aufrecht auf die Fersen setzen, die Knie zeigen parallel nach vorne und berühren sich. Dann die Füße etwas auseinander bringen, das Gesäß kurz anheben und die Füße noch weiter öffnen. Das Gesäß dazwischen auf den Boden oder auf ein Kissen setzen.

Arme, Taille und Brustkorb nach vorne strecken. Stirn auf den Boden oder auf ein Kissen legen. 20 bis 30 Sekunden so bleiben.

- Um die Knie nicht zu sehr zu belasten, können Sie das Gesäß durch eine gefaltete Decke unterstützen und ein gefaltetes oder gerolltes Handtuch zwischen die Kniekehlen legen.
- Wenn Sie sich in dieser Stellung wohl fühlen, können Sie bis zu 10 Minuten in dieser Stellung sitzen bleiben.

8. Janu sirsasana – Die Knie-Kopf-Haltung

Auf dem Boden sitzen, die Beine nach vorne strecken, den Oberkörper aufrecht halten. Das rechte Bein seitlich abwinkeln. Die Zehen des rechten Fußes berühren die Innenseite des linken Oberschenkels. Den Oberkörper und, so gut es geht, den Hüft- und Lendenbereich direkt über die Mitte des linken, unbewegten Beines drehen. Ausatmen und dabei den Oberkörper mit den Hüften nach vorne neigen und die Arme vorstrecken. Einatmen und den Oberkörper mit den Armen am Fuß nach vorne ziehen. Den Rücken dabei nur leicht runden und den Brustkorb vorwärts strecken. Die Schultern entspannen. Ein bis zwei Minuten pro Seite halten.

- Als Anfänger können Sie einen Gürtel zur Hilfe nehmen, den Sie um den linken Fuß schlingen und an dem Sie den Oberkörper mit den Armen nach vorne ziehen.
- Wenn Ihnen das Sitzen auf dem Boden Schwierigkeiten macht, legen Sie eine gefaltete Decke oder ein festes Kissen unter das Gesäß.

9. Pascimottanasana – Die Rückenstreckung

Auf dem Boden sitzen, die Beine nach vorne strecken, den Oberkörper strecken und aufrecht halten. Die Arme nach oben strecken und die Wirbelsäule lang ziehen. Ausatmen und dabei aus dem Becken heraus mit geradem Rücken nach vorne beugen und die Arme strecken.

Einatmen, an den Füßen ziehen, ohne die Knie zu beugen. Ausatmen und den Oberkörper tiefer über die Beine senken. Den Rücken dabei nur leicht runden und den Brustkorb vorwärts strecken. Die Schultern entspannen. Eine Minute oder länger halten. Einatmen und den Oberkörper aufrichten.

- Legen Sie eine gefaltete Decke auf die Schienbeine oder Schenkel und betten Sie Ihre Stirn darauf. Das hat eine entspannende Wirkung.
- Wenn Sie weniger flexibel sind, können Sie einen Gürtel zur Hilfe nehmen, den Sie um die Füße schlingen und an dem Sie sich vorsichtig, ohne den Rücken zu beugen, Zentimeter für Zentimeter vorarbeiten, so weit es eben geht. Niemals den Rücken überlasten!

10. Viparita karani –
Die einfache Umkehrhaltung

Eine Rolle Decken oder eine Polsterrolle direkt an eine Wand legen. Je größer Sie sind, desto höher und breiter die Unterlage. Seitlich auf den Deckenstapel setzen; eine Hüfte berührt die Wand. Die Beine anwinkeln und den Körper um 90 Grad zur Wand drehen. Die Beine senkrecht an die Wand legen und den Oberkörper über die Decken auf den Boden legen. Das Gesäß berührt die Wand.

5 bis 10 Minuten halten.

- Atmen Sie ruhig und lassen Sie Ihren Geist zur Ruhe kommen.
- Die einfache Atemübung I aus dem Kapitel Atem und Meditation machen.

II.
SWADHAYAYA – DIE SELBSTFINDUNG

SELBSTVERTRAUEN UND SELBSTWERTGEFÜHL

Das Urvertrauen ist unser Geburtsrecht. Doch schon in der frühesten Kindheit wird an unserem Selbstvertrauen gekratzt. Sei es von manchen Eltern, die das Geschenk des Urvertrauens achtlos verkümmern lassen, oder von anderen Menschen jeden Alters; ob im Kindergarten, wenn man nicht denselben Dialekt wie die anderen Kinder spricht, oder dann in der Grundschule, wenn man eine Brille tragen muss, eine Zahnspange oder Schwierigkeiten im Sportunterricht hat.

Als Teenager fühlt man sich zu dick, hat Akne und ist entweder frühreif oder Spätentwickler, oder man hat nicht die richtigen Marken im Kleiderschrank und fühlt sich deshalb minderwertig. Dann kommt der Sprung zum Erwachsenwerden, aber die Probleme hören nicht auf. Es scheint, als ob der Druck der Gesellschaft immer gleich hoch bleibt und alles nur seine Form verändert. Wir werden jeden Tag mit Werbebotschaften bombardiert, die uns glauben machen sollen, mehr bewundert, akzeptiert, geliebt und vor allem sicherer im Leben stehen zu können.

Doch die Werbung kann uns kein Produkt und keinen Slogan bieten, die uns helfen, Frustration, Ärger und Schmerzen anzunehmen.

All das nagt am Selbstvertrauen. Und so wachsen stetig unsere Zweifel und unser Klammern an das, von dem wir glauben, dass wir es besitzen, was uns kontrollierbar erscheint. Wenn wir dann eins von diesen mühsam errungenen Dingen verlieren, stürzt das ganze wacklige Gebäude zusammen, und von dem Urvertrauen, mit dem wir auf die Welt kamen, sind nur noch Fragmente übrig.

Selbstvertrauen kann wachsen, wenn man seine Grenzen geduldig erweitert und ausdehnt, denn dann kann mehr Energie in Bereiche strömen, die noch nie geöffnet wurden.

Eine Freundin, die als Kind furchtbar unter dem Schulsport gelitten hatte, weil sie einfach nie so schnell und mutig wie die anderen Kinder war und deswegen ständig gedemütigt wurde, hielt sich für total unsportlich. Bis zu ihrem 30. Geburtstag betrieb sie überhaupt keinen Sport – teils, weil sie sich und ihrem Körper nicht traute, teils aus Trotz. Als sie vom ständigen Sitzen im Büro Rückenschmerzen bekam, raffte sie sich doch auf und begann erst mit einem moderaten Lauftraining, um sich nach monatelangen Überredungsversuchen von mir überzeugen zu lassen, es mit Yoga zu versuchen.

Die Erfahrung mit Yoga hat ihr Leben verändert. Sie hat erkannt, dass es neben dem Selbstbewusstsein, das im Kopf entsteht, auch eine Form von körperlichem Selbstbewusstsein gibt, das wiederum auf die Seele zurückwirkt. Als sie zum ersten Mal ohne Hilfe in den Kopfstand kam, war sie wochenlang begeistert davon, dass auch sie, die ihrem Körper niemals vertraut hatte, zu so einer Übung in der Lage war. Sie war von einem andauernden Glücksgefühl beseelt, und dieses neu gewonnene Selbstvertrauen nahmen alle Freunde und Kollegen wahr. Kurz darauf wurde sie befördert, was meiner Meinung nach kein Zufall war.

Immer wenn man nach einer neu erworbenen Übung die Grenzen seines Körpers erweitert, erweitert man auch die Reichweite seiner Seele. So gewinnt man auf die Dauer die Sicherheit, dass einem äußere Widerstände weniger anhaben können.

Vertrauen und Geduld mit sich zu haben, ist eine große Herausforderung. Es ist der Schlüssel zum persönlichen Wachstum. Wie ein Gärtner oder ein Bauer, der daran gewöhnt ist, geduldig auf die Ernte zu warten, müssen wir auf unser persönliches Wachstum vertrauen. Wir sollten geduldig mit uns selbst und unserer persönlichen Entwicklung umgehen, so langsam sie auch sein mag.

Das westliche Bewusstsein ist sehr stark auf Endergebnisse ausgerichtet. Doch oft ist es das Wachstum selbst, der Weg dorthin, der sehr viel wichtiger ist. Wie viel von unserem Leben verbringen wir damit, genervt darauf zu warten, dass ein Ergebnis endlich eintritt, anstatt das Wachstum und die Entwicklung als wichtigen Bestandteil dessen, wer und was wir sind, zu akzeptieren? Anstatt ergebnisorientiert in die Zukunft zu schauen, sollte man sich auf die Gegenwart konzentrieren und das Warten als Wachstum erkennen und schätzen.

Man wartet im Stau, auf dem Flughafen, am Bankschalter. Und man wartet auf Erfolg im Beruf, auf mehr Geld, mehr Ansehen oder auf die große Liebe. Viele Menschen warten ihr Leben lang darauf, dass ihr Leben endlich anfängt. Sie sind sozusagen Meister des ungeduldigen Wartens.

Wenn man das Warten als Zeitverschwendung ansieht, reduziert man die Qualität seines Lebens, weil man die Gegenwart für verschwendet hält. Wenn ich zum Beispiel in einem Stau stehe, was in Los Angeles oft der Fall ist, habe ich die Wahl: Ich kann mich entweder aufregen und mich fragen, warum ich nicht früher oder später oder warum ich überhaupt gefahren bin, oder ich kann die Situation akzeptieren, die Zeit, die ich für mich allein

habe, als ein Geschenk empfinden. Wenn die Lebenssituation es erfordert, dass ich pünktlich komme, ich es aber nicht schaffen kann, dann kann ich durch meinen Zorn an der Situation auch nichts ändern.

Was mache ich aber, wenn mein Kind vor der Schule auf mich wartet? Dann muss ich konkret in der Gegenwart darauf reagieren: einen Anruf tätigen und etwas organisieren. Man kann die Situation immer irgendwie auflösen. Es ist nur wichtig, dann wieder loszulassen und die Gegenwart wieder anzunehmen.

Das ungeduldige Warten ist eine Geisteshaltung. Es bedeutet nichts anderes, als dass man mit der Gegenwart nicht zufrieden ist und sich die Zukunft in schillernderen Farben ausmalt. Man ist nicht zufrieden mit dem, was man hat, sondern hofft auf etwas Besseres, was man nicht hat.

Man will nicht im Jetzt bleiben und kann daher das Leben nicht leben. Das Jetzt ist aber alles, was wir haben, es ist alles, was existiert. Wenn man sich ein wenig beobachtet und die automatische Gedankenmaschine im Kopf überwacht, wird man schnell entdecken, wie oft man sich, ohne es zu merken, in der Vergangenheit oder Zukunft verliert. Machen Sie es sich immer bewusst, wenn Sie sich aus der Gegenwart herausbewegen. Sie werden immer besser darin werden, im Jetzt zu sein, und Ihre Sorgen und Ängste werden nachlassen.

Wir müssen lernen, geduldiger und nachsichtiger mit uns umzugehen. Wir müssen uns die Zeit zum Lernen zugestehen, die Zeit, die wir brauchen, um uns zu entwickeln. Die Lehre des Yoga hat dieses menschliche Wissen integriert.

Yoga erlaubt uns, ohne Wettbewerbszwang zu wachsen. Es erlaubt uns, uns für ein paar Minuten auf das zu konzentrieren, vor dem wir den ganzen Tag lang fortgelaufen sind – auf uns selbst. Yoga gibt uns den Platz und die Ruhe, den Schmerz und die Demütigungen anzunehmen und sie zu verarbeiten, ohne sich von ihnen vereinnahmen zu lassen.

Hat sich unser Geist erst einmal beruhigt, können wir uns in unserer ganzen Form wieder spüren und zu unserem Urvertrauen zurückfinden.

> Genau genommen
> leben sehr wenige Menschen in der Gegenwart;
> die meisten bereiten sich vor,
> demnächst zu leben.
>
> Jonathan Swift

Sequenz drei: Zur Stärkung des Selbstvertrauens

1. Urdhva hastasana – Der Berg mit erhobenen Armen
Anleitung siehe Seite 58

2. Vrksasana – Der Baum
Gerade hinstellen. Die linke Hand an die Hüfte legen, das rechte Bein zur Seite abwinkeln, den Fuß fassen und die Fußsohle so weit nach oben wie möglich an die Innenseite des linken Oberschenkels führen und dort hineindrücken, sodass sie nicht abrutscht. Hüfte und Oberschenkel bleiben gerade und weichen nicht aus. Den Oberkörper gerade nach oben strecken. Die Arme langsam nach oben strecken, die Ellenbogen sind gerade, und die Handflächen über dem Kopf zusammenführen, falls möglich. Der Blick geht geradeaus. Ruhig und gleichmäßig atmen. 20 bis 30 Sekunden, dann lösen und mit dem linken Bein wiederholen.

- Am besten funktioniert diese Übung, wenn Sie einen Punkt im Raum fixieren, der direkt vor Ihnen liegt. Versuchen Sie, Ihre Gedanken fließen zu lassen und den Geist zu befreien.

- Auch wenn Sie Ihr Bein nur bis zum Knie hochführen können – die Übung hat den gleichen Effekt.

3. Utthita trikonasana – Das gestreckte Dreieck

Die Füße in einem Abstand von einem guten Meter voneinander stellen. Arme in Schulterhöhe gerade zur Seite strecken, die Handflächen zeigen nach unten. Die Füße parallel stellen.

Nun den linken Fuß etwas nach innen drehen, das rechte Bein im Hüftgelenk 90 Grad nach außen drehen, sodass das Bein mit der Vorderseite nach rechts zeigt. Die Hüfte nicht mitdrehen und auch nicht verschieben.

Ausatmen und den Oberkörper seitlich zum rechten Bein beugen, dabei die rechte Handfläche langsam das Bein entlang nach unten gleiten lassen bis zum tiefsten Punkt, den Sie erreichen können, ohne mit dem Oberkörper nach vorn oder in der Taille und den Rippen zur Seite zu kippen. Dort bleiben und zum linken Arm hinaufschauen. 20 bis 30 Sekunden halten. Einatmen, den Oberkörper langsam aufrichten und zur Mitte drehen. Auf der anderen Seite wiederholen.

- Wenn der Nacken verspannt ist, schauen Sie nach unten.
- Wenn Sie mit der Hand nicht auf den Boden kommen, können Sie die Hand auch auf einem Holzblock, einem Topf o. Ä. abstützen.

4. Ardha candrasana –
Der Halbmond

Gerade seitlich in Beinlänge von einer Wand entfernt hinstellen. Die Füße sollen einen guten Meter voneinander entfernt sein. Arme in Schulterhöhe gerade zur Seite strecken, die Handflächen zeigen nach unten. Die Füße parallel.

Nun den linken Fuß etwas nach innen drehen, das rechte Bein im Hüftgelenk 90 Grad nach außen drehen, sodass das Bein mit der Vorderseite nach rechts zeigt. Die Hüfte nicht mitdrehen und auch nicht verschieben.

Ausatmen und den Oberkörper seitlich zum rechten Bein beugen, dabei die rechte Handfläche langsam das Bein entlang nach unten gleiten lassen. Rechtes Knie beugen, linke Ferse etwas anheben und mit den Fingerspitzen der rechten Hand auf dem Boden aufsetzen. Jetzt das linke Bein heben, strecken und mit der Sohle in Hüfthöhe oder höher an der Wand aufsetzen, das rechte Bein und den rechten Arm durchstrecken und den linken Arm senkrecht nach oben halten. Wenn das Gleichgewicht erreicht ist, zum linken Arm hinaufschauen. 20 bis 30 Sekunden halten, dann einatmen, den Oberkörper aufrichten und zur Mitte kommen. Auf der anderen Seite wiederholen.

- Wenn Sie mit der Hand nicht auf den Boden kommen, können Sie auch einen Holzblock, einen großen Topf o. Ä. zur Hilfe nehmen, auf dem Sie die Hand abstützen.

Für Anfänger

Für Fortgeschrittene

5. Virabhadrasana II – Der Krieger II

Die Füße einen guten Meter voneinander entfernt stellen. Die Arme sind in Schulterhöhe seitlich gestreckt. Idealerweise sind die Handgelenke über den Fußgelenken auf einer Linie. Den linken Fuß ein wenig nach innen, den rechten Fuß 90 Grad nach außen drehen. Ausatmen und das rechte Bein im rechten Winkel zum Boden beugen; das linke Bein wird dadurch gestreckt. Die linke Fußsohle sollte vollständig auf dem Boden bleiben.

Der Oberkörper ist jetzt zum rechten Knie gewandt und sollte gerade bleiben. Die Schultern bewusst senken und die Arme in Schulterhöhe waagerecht nach vorn und hinten weisen lassen. Sie müssen eine Linie bilden. Dann über den rechten Arm direkt nach vorn schauen. 20 bis 30 Sekunden halten, dann einatmen, hochkommen und zur Mitte drehen. Auf der anderen Seite wiederholen.

6. Virabhadrasana I – Der Krieger I

Die Füße einen guten Meter voneinander entfernt stellen. Die Arme gerade über den Kopf strecken und die Handflächen aneinander legen, aber nur, wenn die Arme dabei gerade bleiben, sonst können die Hände ein wenig voneinander entfernt bleiben. Jetzt den linken Fuß etwa 45 Grad nach innen drehen, den rechten Fuß 90 Grad nach außen drehen und Oberkörper und Hüfte mitnehmen. Die rechte Hüfte sollte sich nicht zu weit vorschieben, sondern in eine Linie mit der linken Hüfte gebracht werden.

Ausatmen und das rechte Bein in einem rechten Winkel zum Boden beugen. Das linke Bein wird dadurch gestreckt, bleibt aber, so gut es geht, mit ganzer Fußsohle auf dem Boden. Jetzt den Oberkörper strecken, den Brustkorb öffnen, den Kopf in den Nacken legen und auf die Hände schauen. Tief atmen und 20 bis 30 Sekunden halten, dann einatmen, hochkommen und zur Mitte drehen. Auf der anderen Seite wiederholen.

- Überdehnen Sie den Nacken nicht. Wenn Sie sehr verspannt sind, schauen Sie lieber nach vorn.

7. Adho mukha vrksasana – Der Baum mit dem Gesicht nach unten: Handstand
Anleitung siehe Seite 59

8. Sirsasana – Der Kopfstand an der Wand
Anleitung siehe Seite 77

9. Salamba sarvangasana – Der Schulterstand

Einige gefaltete Decken auf den Boden legen. Auf den Rücken legen, sodass der Kopf auf dem Boden, Schultern und Arme auf der Unterlage liegen. Die Arme liegen dicht am Oberkörper; die Beine sind aufgestellt und die Füße setzen direkt am Gesäß auf.

Ausatmen und den Oberkörper heben, die Beine anwinkeln und den Rücken an den hinteren Rippen mit beiden Händen stützen; die Schulterblätter liegen dabei nah aneinander. Die Beine und den Oberkörper weiter heben und strecken, bis der Brustkorb das Kinn berührt. Die Hände dabei immer tiefer schieben und den Oberkörper von hinten so weit wie möglich nach vorn drücken. Ruhig atmen. 5 bis 20 Minuten halten und den Rücken vorsichtig Wirbel für Wirbel abrollen. Einen Moment liegen bleiben.

- Wenn Sie beim Schulterstand einen Druck im Kopf, einen Schmerz im Nacken oder Schwierigkeiten beim Atmen verspüren, die Stellung sofort lösen. Die Lage der Polster kontrollieren und noch einmal sehr langsam versuchen, in den Schulterstand zu kommen. Besteht das Problem fort, fragen Sie einen Yogalehrer und einen Arzt um Rat.
- Machen Sie diese Übung nicht, wenn Sie Ihre monatliche Blutung haben!

10. Ardha Halasana – Der Halbpflug mit Stuhl oder Bett

Für Anfänger

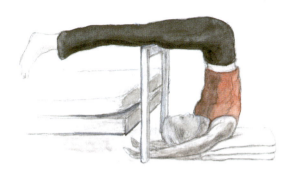

Diese Übung können Sie mit einem stabilen Stuhl oder einem Bett machen. Zwei oder drei gefaltete Decken auf den Sitz bzw. auf die Matratze und drei gefaltete Decken auf den Boden legen. Auf den Rücken und den Kopf unter den Stuhl oder das Bett legen, sodass der Kopf auf dem Boden liegt und Schultern und Arme auf der Unterlage liegen. Die Schultern nach unten drücken und die Arme zu den Beinen strecken. Die Beine anwinkeln und die Füße nahe dem Gesäß aufsetzen. Einatmen und die Beine nach oben schwingen, mit den Händen am Rippenbogen stützen. Ausatmen und die Beine auf die Fläche legen, sodass die Oberschenkel aufliegen. Arme gebeugt über den Kopf legen und entspannen. 5 bis 10 Minuten halten – oder solange es gut tut.

- Die einfache Atemübung I (siehe Seite 39) machen.

Für Fortgeschrittene: Der Pflug

Für Fortgeschrittene für etwas mehr Dehnung ohne Stuhl oder Bett mit geraden Beinen die Füße auf den Boden stellen. Gleichmäßig atmen und Stellung 3 bis 5 Minuten halten.

KONZENTRATION

Schon in meinem alten Leben haben die Leute mich immer wieder gefragt, wie ich es schaffe, alles unter einen Hut zu bringen (Familie, die Schauspielerei, meine Firma und zwei Kontinente). Die Wahrheit ist: Es ist nicht einfach, und oft dachte ich, ich zerbreche daran. Es war wirklich zu viel. Ich hatte immer das Gefühl, niemandem mehr gerecht werden zu können, am allerwenigsten mir selbst.

Diese Verzweiflung und Unzufriedenheit hat mir dann noch die letzten Energiereserven geraubt. Irgendwann habe ich bemerkt, dass, wenn ich mich auf die Sache, die im Moment wirklich anliegt, konzentriere und gar nicht erst versuche, alles gleichzeitig zu erledigen, sehr viel effektiver und schneller arbeiten kann. Die Basis dafür ist, dass man lernt, den Mut aufzubringen, auch einmal ganz ehrlich «nein»

zu sagen – zu den kleinen Gefallen für die Freunde, zu den Treffen im Café, das man zusagen möchte, um den anderen nicht zu verletzen, zu dem Ausgehabend mit allen Freundinnen, für den man eigentlich zu müde ist.

Ich musste zwei Dinge lernen: erstens, meinen Drang zu kontrollieren, mich für alles verantwortlich zu fühlen, und zweitens, die Sorge aufzugeben, bei der Besinnung auf mich selbst alles andere zu versäumen.

In meinem neuen Lebensanlauf bin ich konzentrierter. Ich versuche, mehr in der Gegenwart zu sein und die Vergangenheit und die Zukunft nur noch bei praktischen Erwägungen mit einzubeziehen. Wenn ich zum Beispiel in einer Woche nach Deutschland fliege, muss ich schon jetzt den Flug buchen und die Reise planen.

Das nenne ich «aus praktischen Gründen in die Zukunft gehen». Aber wenn ich etwa ein Drehbuch lese, dann lese ich wirklich nur das Drehbuch und mache mir keine unnötigen Hoffnungen oder Sorgen über die Zukunft. Denn es müssen ja noch so viele Faktoren stimmen, ehe ein Projekt tatsächlich zustande kommt.

Meine Freundin, die als Angestellte in einem Büro arbeitet, macht sich schon zwei Wochen vor einem Gespräch mit dem Chef Gedanken darüber, was ihr Vorgesetzter wohl von ihr denken könnte, wenn sie ihr Projekt so oder so präsentiert. Statt sich einfach nur so gut wie möglich vorzubereiten und das zu tun, was in ihrer Macht steht und was sie persönlich bewegen kann, verliert sie Stunden und Tage mit den «Was wäre wenn»-Fragen, die wir alle kennen, statt die Zeit dafür zu nutzen, Dinge zu tun, die sie wirklich weiß und kann. Sie traut sich nicht, sich auf ihren Instinkt zu verlassen, sondern verliert Zeit mit unrealistischen Zukunftsvisionen.

Niemand hat Einfluss auf die Zukunft. Auch ich habe lange dafür gebraucht, das zu verstehen. Aber langsam habe ich gelernt, im Jetzt zu bleiben und mir erst dann

Gedanken zu machen, wenn es Zeit dafür ist.

Yoga trainiert die Konzentration und den Geist, sich von ablenkenden Gedanken und unnötigen Sorgen zu befreien. Es ist einfach unmöglich, eine Yogastellung zu halten, zu atmen und gleichzeitig an etwas anderes zu denken. Selbst die einfachsten Stellungen verlangen Konzentration. Wenn man auf einem Bein balanciert, kann man nicht über die Steuererklärung nachdenken, sonst fällt man um. Der Zustand der Gegenwärtigkeit, den man beim Yoga so wunderbar leicht erreicht, wird immer mehr in einem selbst verankert.

Denn je öfter man übt, desto leichter fällt es, die Konzentration aus der Yogastunde in den Alltag mitzunehmen. Seit ich regelmäßig Yoga betreibe, kann ich mich bei meiner Arbeit besser konzentrieren, und für lange Zeit kann mich nichts ablenken. Ich habe außerdem das Gefühl, dass meine engen Beziehungen und Freundschaften sich verbessert haben, weil ich besser zuhören kann und geduldiger bin.

Nicht nur die Erwachsenen, auch immer mehr Kinder leiden unter Konzentrationsproblemen. Die Mutter einer Freundin, die Grundschullehrerin auf dem Land ist, erzählt, dass sich in ihren Klassen die Kinder selbst bei den spannendsten Vorlesegeschichten nicht mehr konzentrieren und stillsitzen können.

Sowohl Erwachsene als auch Kinder mit Konzentrationsstörungen haben am Anfang oft Schwierigkeiten, sich auf Yogaübungen einzulassen. Aber wenn sie es schaffen, können die Übungen Wunder wirken. Allerdings muss man – besonders bei Kindern – Geduld haben, verlässliche Fortschritte stellen sich manchmal erst nach längerer Zeit ein. Dafür verliert man nie wieder die körperlichen und geistigen Fähigkeiten, die man durch Yoga gewinnt.

Die folgenden Übungen können Sie allein oder spielerisch mit Ihren Kindern zu Hause machen. Machen Sie einen Wettbewerb, wer von Ihnen am längsten auf einem Bein stehen kann, ohne umzufallen.

Der Geist ist schwer zu ergründen,
flattert, wohin auch immer er sich neigt:
ihn zu kontrollieren ist gut.
Ein kontrollierter Geist
führt zu Glückseligkeit.

Buddha

Sequenz vier: Bei Konzentrationsstörungen

1. Urdhva hastasana – Der Berg mit erhobenen Armen
Anleitung siehe Seite 58

2. Vrksasana – Der Baum
Anleitung siehe Seite 90

3. Garudasana – Der Adler
Ellenbogen beugen und den rechten Arm um den linken schlingen. Ellenbogen auf Schulterhöhe heben. Beine leicht beugen. Rechtes Bein heben und um das linke schlingen. Gleichmäßig ruhig atmen, 20 bis 30 Sekunden Balance halten. Die Übung auf der anderen Seite wiederholen.

4. Vasisthasana – Der Weise

Mit gestreckten Beinen und gestrecktem Oberkörper hinsetzen, sodass die Fußsohlen eine Wand berühren. Die Arme seitlich vom Gesäß absetzen. Jetzt das Gewicht auf die rechte Hand verlagern und den Oberkörper so nach rechts drehen, dass der linke Arm vor dem Oberkörper auf dem Boden absetzt. Das linke Bein liegt jetzt auf dem rechten. Füße und Oberkörper nach rechts öffnen und das linke auf das rechte Bein legen, sodass die Füße sich berühren. Den linken Stützarm durchstrecken, den rechten an den Körper legen und, wenn die Balance erreicht ist, senkrecht in die Höhe strecken. Die Beine durchstrecken. Den Körper anspannen, sodass er eine gerade Linie bildet, die weder vor- noch zurückkippt, noch durchhängt. Ruhig atmen und 20 bis 30 Sekunden oder zehn Atemzüge halten, dann lösen und auf der anderen Seite wiederholen.

- Wenn Sie nur bis Stufe II kommen, üben Sie solange, bis Sie die Kraft bekommen, mit Stufe III zu beginnen.

5. Adho mukha vrksasana – Der Baum mit dem Gesicht nach unten: Handstand

Anleitung siehe Seite 59

STRESS

Yeshe, ein tibetischer Mönch und inzwischen treuer Freund, erzählte mir, dass viele Menschen zu ihm kommen und sich beschweren, dass sie keine Zeit mehr für sich fänden. Frauen, die sich zwischen Beruf und Kindern aufreiben, haben bei jeder Minute, die sie für sich selbst beanspruchen, ein schlechtes Gewissen. Bei der Arbeit glauben sie, eigentlich bei ihren Kindern sein zu müssen, wenn sie bei ihren Kindern sind, glauben sie, arbeiten zu müssen. Auf diese Weise fühlen sie sich immer zerrissen und stehen unter Dauerstress.

Yeshe erzählte mir das Gleichnis vom Wasserkrug:

Ein Wasserkrug, der leer ist, kann kein Wasser mehr spenden. Man muss den Krug seines Lebens immer wieder ein wenig auffüllen, um anderen etwas abgeben zu können. Je mehr man in den Krug füllt, desto mehr kann man abgeben. Irgendwann ist der Lebenskrug so angefüllt, dass er von selbst überläuft. Das Geben ist dann vollkommen mühelos, und der Krug ist niemals mehr leer.

Vielen Menschen, die zum ersten Mal zum Yoga gehen, fällt es nicht leicht, einfach so auf «Ruhe» umzuschalten. Sie kommen von der Arbeit, wo sie kämpfen mussten, haben vielleicht noch hektisch die Kinder abgeholt und nur unter Hupen einen Parkplatz ergattert – und dann sollen sie plötzlich ruhig atmen und zum Einklang von Körper und Seele finden. Ehrgeizige Menschen neigen dazu, sich immer wieder über ihre Grenzen hinauszutreiben, ohne sich genügend Ruhe zu gönnen.

Natürlich muss Stress nicht immer ne-

gativ sein. Wenn der Auslöser als angenehm empfunden wird, kann er sogar beflügeln und Körper und Geist aktivieren. Aber wenn wir von Stress reden, meinen wir meistens den unangenehmen Druck, den wir spüren, weil wir zu schnell zu viel tun müssen oder weil wir das, was wir tun müssen, nicht tun wollen.

Die Wissenschaftler sind sich darüber einig, dass ein großer Prozentsatz aller Krankheiten, die Menschen in den westlichen Industrienationen plagen, auf Stress zurückzuführen ist.

Viele Situationen können Angst- und Stressreaktionen auslösen. Körperliche Stresssituationen sind etwa Verletzungen, Operationen, Verbrennungen, Kälte, Schmerzen, niedriger Blutzucker usw. Psychische Stresssituationen sind Ärger, Angst, Trauer, Leistungsdruck.

Der Körper unterscheidet nicht zwischen positivem oder negativem Stress, sondern reagiert immer gleich darauf. Ich habe meinen Arzt gefragt, was genau dabei passiert. Hier ist die Erklärung: Zuerst reagieren der Hypothalamus und die Hypophyse im Gehirn, indem sie Hormone ausschütten. Diese stimulieren wiederum die Nebennierenrinde dazu, Kortisol und Kortison freizugeben. Beide Hormone wirken auf den Fett-, Kohlenhydrat- und Eiweißstoffwechsel.

Dann wird über den Sympathikus das Nebennierenmark aktiviert. Es schüttet innerhalb von Sekunden eine Mischung von 80 Prozent Adrenalin und 20 Prozent Noradrenalin aus. Der Blutdruck ist hoch, der Puls schnell, die Muskeln sind verkrampft, der Magen bildet mehr Säure, die Fortpflanzungsorgane arbeiten vermindert, und die Verdauungsorgane sind schlecht durchblutet. Wir sind bereit, gegen einen Feind zu kämpfen oder fortzulaufen.

Das vegetative Nervensystem, das für alle Funktionen verantwortlich ist, die sich nicht willkürlich beeinflussen lassen (Atmung, Herzschlag etc.), besteht aus dem Sympathikus und dem Parasympathikus. Während der Sympathikus auf Stress mit dem Kämpfen-oder-fliehen-Reflex reagiert, ist der Parasympathikus dafür zuständig, den Körper später wieder in seinen Ruhezustand zu versetzen.

Während der Yogaübungen atmet man tief, dehnt die Muskeln, Sehnen und Bänder und löst die Spannung in den Muskeln. Das schaltet den Fluchtreflex aus und signalisiert dem Körper, dass keine Gefahr im Verzug ist und er sich entspannen kann. In der Folge verlangsamt sich der Herzschlag, die Atmung wird ruhiger, und der Blutdruck sinkt. So kann man Vorgänge im Körper beeinflussen, die sonst unserem direkten Einfluss entzogen sind. Man versetzt den Körper wieder in die Lage, kleinere Schäden in den Zellen zu reparieren und Angriffe auf das Immunsystem abzuwehren. Der Körper hat die Zeit und Kraft, sich selbst zu heilen.

Die Übungen sind dieselben wie bei Schlaflosigkeit und Entspannung.

SCHLAFLOSIGKEIT UND ENTSPANNUNG

Wir alle kennen das Gefühl, wenn man nach einem anstrengenden Tag völlig übermüdet nach Hause kommt, ins Bett fällt und nur noch schlafen will. Und dann passiert es, dass einem ein Gedanke durch den Kopf schießt, den man nicht mehr loslassen kann. Schon ist die Gedankenmaschine in vollem Gange.

Sie sind nicht allein mit Ihren Schlafproblemen. Es gibt Untersuchungen, dass mehr als die Hälfte aller Deutschen zeitweise oder dauerhaft Probleme damit haben. Der natürliche Wach- und Schlafrhythmus ist durch das elektrische Licht und ungesunde Arbeitszeiten so gut wie außer Kraft gesetzt. Zu wenig Schlaf ist auf die Dauer ein echtes Problem, das dazu führen kann, dass man reizbar und launisch wird, langsamer reagiert (beispielsweise im Straßenverkehr) und sich häufig

Infekte «einfängt». Neueste Studien belegen, dass Schlafmangel sogar den Alterungsprozess beschleunigen kann.

Es gibt immer Zeiten, in denen man einfach nicht einschlafen kann, oder man schläft gut ein, wacht aber nach ein paar Stunden wieder auf und liegt hellwach da. Dann kommt man am nächsten Tag kaum aus dem Bett und schleppt sich müde durch den Tag, in der Hoffnung, in der folgenden Nacht endlich wieder besser schlafen zu können.

Sorgen gehören zu den bekanntesten Schlafkillern, diese alltäglichen Ängste, diese kleinen, nagenden und quälenden Szenarien, in denen alles danebengeht, all die Dinge, die vielleicht nicht gelingen, diese «Was wäre wenn»- Fragen, die uns nachts um drei aufwecken und uns keine Ruhe mehr lassen.

Einer meiner Yogalehrer hat mir einmal klar gemacht, dass es ja nicht so ist, dass die Sorgen uns einfach «überkommen» und nicht mehr loslassen, auch wenn es uns manchmal so scheint. Wir selbst sind es, die sich diese Sorgen machen.

Wir sagen oft: «Ich habe Sorgen», als ob es etwas wäre, was wir nicht kontrollieren können, etwas, was ohne unser Zutun geschieht. Aber das ist es genau nicht. Es ist vielmehr richtig, dass wir uns Sorgen machen, weil es etwas ist, für das wir uns entscheiden. Das «Sich-Sorgen-machen» ist eine aktive Handlung.

Aber bis wir in uns selbst gespürt haben, dass es unsere eigene Entscheidung ist, ob wir uns Sorgen machen wollen oder nicht, bleiben dies nur die Wahrheit und die Worte von jemand

anderem. Selbst wenn man das theoretisch begreift, fragt man sich natürlich, wie um Himmels willen man einfach aufhören soll, sich Sorgen zu machen. In jedem Augenblick schießen Tausende von Gedanken durch unseren Kopf, aber sonderbarerweise lassen wir uns meist zu den negativen Gedanken ziehen.

Wenn ich nachts aufwache und mit meinen Gedanken sofort zum schlimmsten Erlebnis in meinem Leben, dem Verlust meines Kindes, oder zu einem ungelösten Problem gehe, kann ich mich oft nicht sofort stoppen. Aber allein die Erkenntnis, dass ich wieder beginne, mir Sorgen zu machen, und, in meinem Fall, in die Vergangenheit gehe, verhindert meistens, dass die Gedanken hoch dramatisch werden und so eine eigene Realität bekommen. Ich versuche dann, mich auf schöne Dinge in meinem Leben zu konzentrieren. Das gelingt nicht komplett, aber es mildert den Sog des Strudels, der mich nach unten ziehen will. Der Geist ist wie ein Hund, den man erziehen kann – versuchen Sie es einfach immer wieder.

Wie wichtig ist eigentlich die Sache, über die wir uns gerade Sorgen machen? Wie wichtig ist dieses Problem, wenn man es auf das menschliche Dasein bezieht? Es gibt keine Antwort auf diese Frage. Selbst wenn das Problem, das wir wälzen, uns als das wichtigste unseres Lebens erscheint, werden unsere Sorgen keinen Einfluss auf die Situation haben.

Wenn es Ihnen schwer fällt, die Gedankenmaschine außer Kraft zu setzen, können Sie damit beginnen, Ihr Denken zu beobachten. Sie werden bald merken, dass Sie sich die Zukunft entweder besser als die Gegenwart oder schlechter ausmalen. Wenn die Zukunftsvision besser ist, sind Sie mit der Gegenwart unzufrieden und hoffen auf bessere Zeiten. Ist sie schlechter, haben Sie Angst. Beides ist eine Illusion. Es kann nur eine Illusion sein, denn sowohl die Vergangenheit als auch die Zu-

kunft finden nur in Ihrer Wahrnehmung statt. Die einzige Zeit, die real ist, ist die Gegenwart.

Wenn Sie sich selbst beobachten, kommen Sie automatisch in die Gegenwart. In dem Augenblick, in dem Sie bemerken, dass Sie sich Gedanken machen, dass Sie in die Zukunft oder in die Vergangenheit schweifen, sind Sie schon wieder in der Gegenwart. Und das rettet Sie vor der willenlosen Auslieferung an die Gedankenmaschine. Letztlich ist die «Gewärtigkeit», die Sie damit üben, auch die Grundlage des autogenen Trainings und der meisten Meditationstechniken. Immer geht es darum, ganz im eigenen Körper zu sein und nicht jedem Gedanken zu folgen.

Bleiben Sie zunächst im Bett liegen und machen Sie die einfache Atemübung aus dem Meditationskapitel, bei der Sie sich auf das Ein- und Ausatmen konzentrieren. Wenn Sie immer noch sehr unruhig sind, empfehlen die Yogis einen Energiewechsel: Stehen Sie auf und machen Sie ein paar Yogaübungen. Die Übungen am Ende des Kapitels verlangsamen den Energiefluss und erhöhen die Schlafbereitschaft. Ihr Ziel sollte es sein, vom Kopf wieder zurück in den Körper zu kommen. Statt sich vom Geist manipulieren zu lassen, versuchen Sie sich wieder selbst zu spüren und einfach zu sein.

> Sage immer «ja» zum gegenwärtigen Moment.
> Gib dich dem hin was ist.
> Sage «ja» zum Leben – und schau, wie das Leben plötzlich beginnt, für dich zu arbeiten anstatt gegen dich.
>
> Eckhart Tolle

Sequenz fünf: Gegen Schlaflosigkeit

1. Uttanasana I –
Die Vorwärtsbeuge mit unterstütztem Kopf
Anleitung siehe Seite 73

2. Prasarita padottasana I –
Die Vorwärtsbeuge mit gegrätschten Beinen und gestütztem Oberkörper
Anleitung siehe Seite 74

3. Virasana – Der Held: Vorwärtsbeuge
Anleitung siehe Seite 80

4. Janu sirsasana –
Die Knie-Kopf-Haltung
Anleitung siehe Seite 81

**5. Pascimottanasana –
Die Rückenstreckung**
Anleitung siehe Seite 82

**6. Ardha halasana – Der Halbpflug
mit Stuhl oder Bett**
Anleitung siehe Seite 98

**7. Salamba sarvangasana –
Der Schulterstand**
Anleitung siehe Seite 97

EINE KERZENMEDITATION – TRATAK

Jeder Mensch hat seine eigene Methode zu meditieren, ob er sich dessen bewusst ist oder nicht. Der eine schaltet ab, während er Musik hört, andere gehen angeln und sitzen bei Morgengrauen am Ufer des Sees, oder sie verlieren sich beim Zeichnen.

Doch für die meisten sind diese Phasen, in denen man ganz bei sich selbst ist und alles fließt, selten geworden. Und so versucht man, den Zustand der Ruhe mit Hilfsmitteln herzustellen; indem man ein  Glas Wein trinkt oder den Fernseher anschaltet, bis man merkt, dass das kein Ersatz für den tiefen Frieden sein kann, der entsteht, wenn man einfach nur ist. Es gibt eine wunderbare Konzentrationsübung, die diesen Frieden bringen kann und die ich gerne mit Ihnen teilen möchte.

Suchen Sie sich einen ruhigen Ort, an dem Sie ungestört sein können. Sitzen Sie gerade und entspannt. Stellen Sie eine brennende Kerze vor sich hin.

Auf den Atem achten.

Beim Einatmen «Ein» denken, beim Ausatmen «Aus» denken.

Wenn die Gedanken zur Ruhe gekommen sind, die Augen halb geschlossen auf einen Punkt vor sich auf dem Boden richten.

Wieder auf den Atem konzentrieren.

Beim Einatmen «Ein» denken, beim Ausatmen «Aus» denken.

Dann die Kerzenflamme betrachten, solange die Aufmerksamkeit standhält.

Die Augen schließen.

Der Blick ist nach innen auf den Punkt zwischen den Augen gerichtet.

Lassen Sie an diesem Punkt die Flamme entstehen.

Halten Sie Ihre Konzentration so lange auf die Flamme hinter ihren Augen gerichtet, wie es Ihnen Ihre Aufmerksamkeit erlaubt.

Erzwingen Sie nichts.

Auf den Atem konzentrieren.

Beim Einatmen «Ein» denken, beim Ausatmen «Aus» denken.

Die Übung immer wieder wiederholen.

Feststellen, wie sich das Bild der Flamme im Inneren verändert.

Der Punkt zwischen den Augen wird als drittes Auge beschrieben, als Sitz der Intuition. Es ist gleichzeitig ein wunderbarer Punkt der Konzentration.

Das dritte Auge

Das «dritte Auge», auch unter dem Sanskritnamen «Ajna» bekannt, ist das sechste der sieben Energiezentren des Körpers, den Chakren. Es liegt etwas über den Brauen mitten auf der Stirn. Das «dritte Auge» versorgt die Augen, einen Großteil des Zentralnervensystems und das Gehirn sowie Zirbel- und Hirnanhangdrüse mit «Prana» (oder «Chi»), der Lebensenergie.

Es ist das Zentrum für Intelligenz, Verstehen, Intuition und Klarsicht. Durch regelmäßiges und tiefes Atmen in dieses Chakra hinein kann man psychische Spannungen und Ängste lösen und Zugang zur Intuition, zu den Ahnungen und Ideen gewinnen. Die Farbe Indigoblau und auch Violett werden damit in Verbindung gebracht.

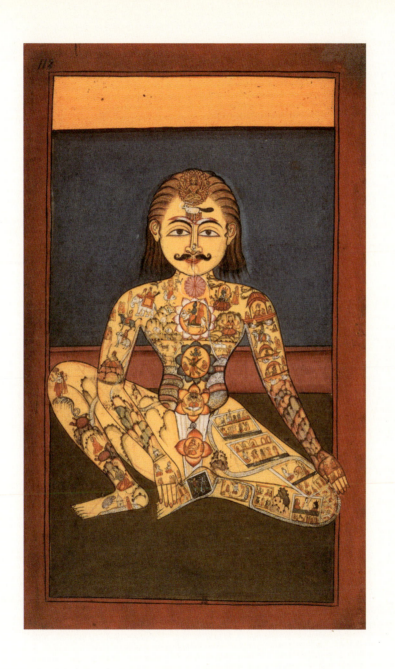

III.
TAPAS –
DAS BEMÜHEN

ALTERSLOSIGKEIT

Haben Sie schon einmal sehr alte Leute beobachtet, wenn sie über die Straße gehen? Sie setzen einen Fuß vor den anderen, sehr vorsichtig und tastend. Sie trauen meist weder der eigenen Kraft noch ihrem Gleichgewichtssinn, und wenn sie sich umsehen, müssen sie den ganzen Körper mitbewegen, weil ihre Glieder steif sind.

Yogapraktizierende würden niemals auf die Idee kommen, mit Yoga aufzuhören, nur weil sie die siebzig überschritten haben. Ganz im Gegenteil: Yoga ist eine der wenigen Sportarten, die man immer und in jedem körperlichen Zustand machen kann, weil sich die Yogaübungen genau den eigenen Bedürfnissen anpassen lassen. Man kann gezielt üben und so die körperlichen Schwachstellen stärken. Viele berühmte Yogis sind schon sehr alt. Die Italienerin Vanda Scaravelli zum Beispiel unterrichtete noch im hohen Alter von 85 Jahren ihre eigenen Yogaklassen.

Als ich neulich mit meinem Mann in der Stadt spazieren ging, trafen wir auf eine alte Frau, die stolz ihre Yogamatte unter dem Arm trug. Mein Mann fragte sie begeistert nach ihrem Alter, und sie antwortete:

Vanda Scaravelli, Yogalehrerin

«Neunzig!», und strahlte dabei über das ganze Gesicht.

Beweglichkeit und Koordination sind das, was einen Menschen jugendlich wirken lässt. Yoga trainiert die Muskeln und die Balance, stärkt die Knochen und wirkt so Osteoporose entgegen. Außerdem erhält es die Geschmeidigkeit der Gelenke und Bänder, und Sehnen. Auf diese Weise wirken die Asanas all dem entgegen, was uns alt werden lässt. Yogis sagen, dass das Alter nichts mit der Zahl auf dem Papier zu tun hat, sondern mit dem Einrosten der Glieder. Je unbeweglicher man ist, desto älter wirkt man.

Wenn man eine schwierige Position hält und der Körper anfängt zu zittern, ist das ein gutes Zeichen. Die 72 000 Nervenenden, die in der Yogawissenschaft beschrieben werden, werden aktiviert. Wir lassen damit die Energie frei, die als Spannung in unseren Muskeln festsaß. Wenn diese Energie plötzlich wieder durch uns strömt, kann es im ersten Moment unangenehm sein. Aber in Wahrheit wird durch die Reaktivierung des Nervensystems der gesamte Bewegungsapparat gestärkt. Wir zittern vielleicht ein bisschen, können aber immer mehr Spannung ertragen, und das Zittern hört schließlich auf.

Das Zittern ist also gut. Es ist besser, jetzt ein bisschen zu zittern, als es im Alter zu tun und es dann nicht mehr kontrollieren zu können.

Es ist nie zu spät, mit Yoga anzufangen, egal, wie alt Sie sind. Haben Sie keine Angst, auch wenn Sie sich für vollkommen unbeweglich halten. Sie können mit einfachen Übungen beginnen und werden bald merken, wie wohltuend Yoga für Ihren Körper und Ihre Seele ist.

In jedem Augenblick hast du eine Verabredung
mit dem Leben.
Jeden Augenblick, den du versäumst,
versäumst du das Leben.

Thich Nath Hanh

DER KÖRPER DER FRAUEN

Eine meiner Yogalehrerinnen erzählte mir eine wahre Geschichte, die ich als eine wunderbare Metapher dafür empfinde, wie man durch die verschiedenen Lebensabschnitte einer Frau gehen kann, wie man Ängsten begegnet, sie akzeptiert, sie spürt und sie dann durchlebt, um mit ihnen zu wachsen.

An der Atlantikküste in der Nähe von Boston hatten die Behörden vor einem Sturm gewarnt. Eine Frau, die dort allein in einem Haus lebte, hatte sich entschieden, den Sturm im Haus durchzustehen, obwohl allen Hausbesitzern von der Polizei geraten worden war, das Küstengebiet zu verlassen. Aber sie wollte nicht gehen, weil ihre Habseligkeiten und ihr Haus ihr alles bedeuteten.

Unglücklicherweise war der Sturm schlimmer, als man voraussehen konnte.

Als sie merkte, dass die Situation zu gefährlich wurde und sie doch noch das Haus verlassen wollte, waren schon alle Straßen überflutet. Die Frau hörte im Radio eine Warnung, dass eine große Flutwelle heranrolle. Sie begriff, dass die Welle groß genug war, um ihr Haus zu erreichen. Ihr erster Impuls war es, das Haus fest zu verriegeln und auf das Beste zu hoffen. Aber vom Verstand her wusste sie, dass die Wassermassen ihre Fenster eindrücken könnten. Das Wasser würde wahrscheinlich in das Haus eindringen und alles zerstören, was sie besaß, und sie würde selbst mitgerissen werden.

Plötzlich hatte sie eine Eingebung: «Was ist, wenn ich mich, statt mich gegen die enorme Flutwelle zu wehren, einfach mit der unabänderlichen Tatsache abfinde und mich dieser Situation stelle, die ich am

meisten in meinem Leben fürchte?» Genau das tat sie. Sie öffnete alle Türen und Fenster in ihrem Haus und stieg auf das Dach. Als die Welle kam, stemmte sie sich nicht gegen sie, sondern nutzte ihre Kraft, indem sie hineinsprang und sich von ihr zu sicheren Ufern tragen ließ. Und das Unglaubliche war geschehen:

Ihr Haus stand noch, weil es keinen Widerstand geboten hatte. Das Wasser war zwar durch das Haus hindurchgeflossen und hatte alles zerstört, was darin war, aber die Mauern standen noch. Alle anderen Häuser um sie herum waren mitgerissen und zerstört worden. Viele Menschen waren umgekommen – sie überlebte.

Sie hatte ihr Wertesystem und ihre alten Überzeugungen losgelassen und die unabänderliche Wahrheit angenommen.

Manchmal stelle ich mir vor, dass mein Körper das Haus ist, das den Fluten des Lebens ausgesetzt ist. Mir ist schon das Liebste worden. Aber wenn ich Türen und Fenster, sprich: mein Herz und meine Seele, weit öffne, kann ich mit den Veränderungen wachsen.

Frauen sind den Regeln der Natur viel stärker unterworfen als Männer, schon allein weil sie einen monatlichen Zyklus haben. Die Phasen des Mondes und auch die Gezeiten der Meere beeinflussen den weiblichen Körper, denn der erwachsene Mensch besteht bis zu 70 Prozent aus Wasser. Nicht umsonst sind es oft weibliche Symbole in vielen alten Kulturen, die das Göttliche darstellen. Und nicht umsonst sind es zumindest in der westlichen Zivilisation meist die Frauen, die sich mit Yoga oder Spirituellem befassen, denn für sie ist es oft leichter, in ihrem Körper zu sein und ihn zu fühlen. Dadurch

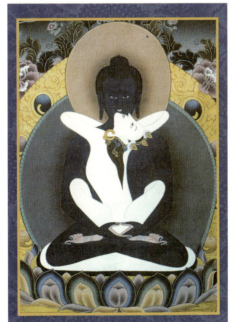

sind sie dem «Jetzt» und möglicherweise auch der Erleuchtung näher, als es die meisten Männer sind. Aber wie immer werden sie uns auch hier bald folgen …

Während in vielen Kulturen die Fähigkeit von Frauen, Kinder zu gebären, als Geschenk angesehen wird, wird sie in unserer Gesellschaft manchmal sogar als Last empfunden. Die Ausbildungszeiten sind lang, und wir sind schon aus sozialen und wirtschaftlichen Gründen länger damit beschäftigt, Schwangerschaften zu vermeiden, als zu empfangen. Das alles hat natürlich seine Auswirkungen auf den weiblichen Körper, der besonders leicht auf äußere und innere Einflüsse reagiert und aus dem Gleichgewicht geraten kann.

PMS

Wenn wir das Gefühl haben, kurz vor unserer Periode besonders empfindsam und reizbar zu sein, ist das, so sagen die Yogis, nur ein Zeichen für ein erhöhtes Bewusstsein und dafür, dass wir stärker mit unserem Instinkt und unserer Intuition verbunden sind.

Fast jede Frau hat mindestens in einer Phase ihres Lebens mit dem prämenstruellen Syndrom zu tun. Schwankungen des Östrogen- und Progesteronspiegels und eine ungesunde Lebensweise mit viel Stress, wenig Schlaf und schlechtem Essen sind Faktoren, die dazu führen können, dass man einmal im Monat starke Stimmungsschwankungen, Gewichtszunahme, Verdauungsstörungen und Kopfschmerzen hat. Meine Yogalehrerin hat ihre Erklärung für PMS mit mir geteilt: «Die Zeit kurz vor der Menstruation ist für uns Frauen die intuitivste. Alle

Emotionen kommen geballt hoch, die wir seit unserem letzten Mond erlebt haben. Wenn wir uns also gestresst, überarbeitet, ungeliebt, einsam und verlassen vorkommen, sind es genau diese Emotionen, die so geballt vor uns auftauchen, individuelle Emotionen, die angeschaut werden wollen, ob wir es nun PMS nennen wollen oder nicht. Wenn wir diese Gefühle dadurch abwürgen, dass wir sie auf PMS schieben, erlauben wir uns nicht, uns in allen Aspekten wahrlich zu fühlen.»

Die regelmäßige Yogapraxis hilft, das hormonelle Gleichgewicht bei Frauen zu stabilisieren und alle Gefühle anzunehmen, und zwar von der ersten Menstruation bis zur Menopause mit all den Schwierigkeiten und Veränderungen, die damit verbunden sind.

Sequenz sechs: Bei PMS-Beschwerden

1. Supta baddha konasana – Der liegende Winkel

Zwei zusammengelegte Decken auf den Boden legen und daneben einen zweiten Stapel mit drei zusammengelegten Decken oder einem dicken Polster platzieren. Wichtig ist, dass der eine Stapel etwas höher ist als der andere. Auf die beiden Stapel legen, sodass das Gesäß und die Beine auf dem Boden liegen, der Oberkörper von der Hüfte an auf dem höheren Stapel und Schultern und Kopf auf dem niedrigeren. Die Fußsohlen aneinander legen. Die Knie zur Seite klappen lassen, soweit es möglich ist. Die Zehen sollten dabei gegen eine Wand gelegt sein. Bequemer ist es, jeweils eine gefaltete Decke unter die Oberschenkel zu legen. Die Arme locker zu den Seiten fallen lassen und tief atmen. 5 bis 10 Minuten so liegen bleiben.

- Die einfache Atemmeditation auf Seite 39 machen.

**2. Adho mukha svanasana –
Der Hund mit dem Gesicht nach unten**
Anleitung siehe Seite 65

3. Sirsasana – Der Kopfstand an der Wand
Anleitung siehe Seite 76
- Wenn Sie einen Druck im Kopf spüren oder sich sonst wie unwohl fühlen, brechen Sie die Übung ab und versuchen Sie sie an einem anderen Tag. Fragen Sie Ihren Yogalehrer und einen Arzt, wenn die Symptome anhalten.

**4. Viparita dandasana –
Die umgekehrte Stange**
Anleitung siehe Seite 61

5. Salamba sarvangasana –
Der unterstützte Schulterstand
Anleitung siehe Seite 62

6. Ardha halasana –
Der Halbpflug mit Stuhl oder Bett
Anleitung siehe Seite 98

Menstruation

Die Yogis glauben, dass die Menstruation so etwas wie ein «monatlicher Hausputz» ist. Alle 25 bis 35 Tage werden Giftstoffe mit dem Menstruationsblut herausgespült, und idealerweise sollte die Menstruation auch emotional eine Zeit des Nachdenkens, des Sich-Zurückziehens, eine Zeit der Reinigung sein.

Diese Reinigung kann auch anstrengend und schmerzhaft sein. Die Krämpfe während der ersten Tage der Menstruation hängen nach der Yogalehre mit einem Hormonungleichgewicht und einer trägen Leber zusammen. Das bedeutet, dass die Giftstoffe nicht richtig abgebaut und aus dem Körper ausgeschieden werden können. Gemeinsam mit guter Ernährung helfen Yogaübungen, Menstruationskrämpfe zu lindern. Denn Yoga wirkt auf mehreren Ebenen:

Es entspannt das Nervensystem, den Hormonhaushalt, erhöht die Durchblutung in den Fortpflanzungsorganen und stärkt die Unterleibsmuskeln.

Gleichzeitig befreien die Übungen von Stress und fördern die Entspannung, sodass sich die Hormone von alleine regulieren können.

Versuchen Sie außerdem, Salz, Koffein, Alkohol und Zucker zu reduzieren. Schlafen Sie möglichst viel und versuchen Sie, mindestens dreimal wöchentlich ein kleines Yogaprogramm in Ihren Tagesablauf zu integrieren.

Alle Yogalehrer, bei denen ich gelernt habe, egal, welche Schule sie vertreten, raten davon ab, Umkehrstellungen während der Zeit der Menstruation zu üben, da man vermeiden sollte, dass das Blut in die umgekehrte Richtung fließt und damit dem natürlichen Fluss entgegenwirkt.

Sequenz sieben: Bei Menstruationsbeschwerden

**1. Supta baddha konasana –
Der liegende Winkel**
Anleitung siehe Seite 132

2. Das Liegen auf Polstern
Einen Stapel Decken auf den Boden legen. Mit dem Rücken auf den Stapel legen, und zwar so, dass Schultern, Arme, Nacken und Hals auf dem Boden liegen und der untere Oberkörper sowie das Gesäß auf dem Deckenstapel. Die Beine sind parallel und gestreckt. Ruhig atmen, 5 bis 10 Minuten so liegen bleiben.

3. Baddha konasana –
Der sitzende Winkel oder Der Schuster

Mit nach vorn gestreckten Beinen und aufrechtem Oberkörper hinsetzen. Die Fußsohlen zusammenbringen und die Oberschenkel nach außen klappen lassen, so weit das möglich ist. Mit den Händen die Füße umfassen und die Fersen so weit wie möglich in Richtung Schambein ziehen. Hände um die Fersen falten. Bauch, Taille und Brustkorb aufrecht und geöffnet halten. Kopf gerade halten, der Blick geht geradeaus. Normal atmen und zwei bis fünf Minuten oder länger halten. Füße loslassen und Beine sanft strecken.

- Wenn die Übung Schmerzen bereitet oder zu anstrengend ist, einige gefaltete Decken unter das Gesäß oder unter die Knie legen oder sich mit einem festen Polster im Rücken gegen eine Wand setzen.

4. Upavista konasana – Der gestreckte Winkel

Mit nach vorn gestreckten Beinen und aufrechtem Oberkörper hinsetzen. Die Beine so weit wie möglich spreizen. Knie und Zehen zeigen nach oben, die Beine sind durchgestreckt. Die Fingerspitzen hinter der Hüfte auf den Boden stellen und den Oberkörper damit nach oben drücken. Beide Beine müssen im gleichen Winkel vom Oberkörper abgehen. Wenn Sie Ihre Zehen greifen können, ziehen Sie die Zehen zu sich. Wenn nicht, greifen Sie Schienbein oder Knie. Der Rücken bleibt dabei gerade. Kopf gerade halten, der Blick geht nach vorne. 30 Sekunden bis eine Minute, dann lösen.

- Um die Übung zu erleichtern, zwei gefaltete Decken oder ein Kissen unter das Gesäß legen.
- Für Anfänger: Benutzen Sie zwei Gürtel, um Ihre Füße zu halten.

5. Janu sirsasana –
Die Knie-Kopf-Haltung
Anleitung siehe Seite 81

6. Pascimottanasana –
Die Rückenstreckung
Anleitung siehe Seite 82

7. Adho mukha svanasana –
Der Hund mit dem Gesicht nach unten
Anleitung siehe Seite 65

8. Das Liegen auf Polstern
Wenn Ihnen Übung Nr. 2 «Das Liegen auf Polstern» gutgetan hat, wiederholen Sie sie am Ende der Sequenz zur Entspannung.

Fruchtbarkeit

Mittlerweile sind rund 20 Prozent aller Paare in Deutschland ungewollt kinderlos. Unfruchtbarkeit ist für die Betroffenen nicht nur eine starke emotionale, sondern auch eine finanzielle Last. Im Jahr 1999 veröffentlichte das US-Magazin «Health Facts» eine Studie, nach der Paare für die Behandlung von Unfruchtbarkeit in den USA rund zwei Milliarden Dollar im Jahr ausgeben.

Es gibt eine weitere Studie der Harvard University über ein Programm, das stressreduzierende Praktiken wie Yoga und Meditation, therapeutische Unterstützung sowie Gruppengespräche und Änderungen der Ernährungsgewohnheiten (weniger Alkohol, Koffein, Fett und Zucker) umfasst. Das Resultat ist bemerkenswert: Die Paare hatten eine 50-prozentige Erfolgsquote innerhalb eines Jahres nach Beendigung des Programms.

Eine Freundin von mir hatte schon im Alter von 30 Jahren Probleme, schwanger zu werden. Sie war bei den besten Ärzten, die bei ihr zunächst verklebte Eileiter diagnostizierten. Daraufhin wurden ihre Ei-leiter gereinigt, aber sie wurde immer noch nicht schwanger. Es gab keine Erklärung, die Ärzte waren ratlos. Dann versuchte sie fünfmal, durch künstliche Befruchtung schwanger zu werden – erfolglos. Sie adoptierte einen zauberhaften Jungen, und kurz nach der Adoption wurde sie überraschend schwanger.

Sie selbst sagt, dass sie zu dieser Zeit sehr viel Yoga betrieben hätte und dass das der Grund für ihre Schwangerschaft war. Tatsächlich war es vermutlich eine Mischung aus den Yogaübungen selbst, der daraus entstehenden Entspannung und der Gelassenheit, die sich aus der Adoption ergab. Mein Frauenarzt, der viele Patientinnen betreut, die Schwierigkeiten haben, ein Kind zu bekommen, bestätigte mir, dass es viele Geschichten dieser Art gibt. Er hat unzählige Patientinnen, die nach jahrelangen künstlichen Befruchtungsversuchen, Hormontherapien etc. aufgegeben haben und dann wie durch ein Wunder schwanger wurden; oder andere, die wie meine Freundin ein Kind adoptiert haben und kurz danach selbst ein Kind in sich trugen.

Inzwischen ist meine Freundin stolze Mutter von drei Jungen. Der letzte kam, als sie 40 Jahre alt wurde.

Wenn man Probleme hat, schwanger zu werden, ist es wichtig, dass man versucht, sich zu entspannen, die medizinischen Ursachen dafür herausfindet und regelmäßig Yoga praktiziert. Mein Frauenarzt glaubt selbst fest an die heilenden und entspannenden Kräfte von Yoga und empfiehlt allen seinen Patientinnen, so oft wie möglich Yoga zu machen.

Sequenz acht: Bei Fruchtbarkeitsstörungen

1. Uttanasana I – Die Vorwärtsbeuge mit unterstütztem Kopf
Anleitung siehe Seite 73

2. Sirsasana – Der Kopfstand an der Wand
Anleitung siehe Seite 76

**3. Viparita dandasana –
Die umgekehrte Stange**
Anleitung siehe Seite 61

**4. Baddha konasana –
Der sitzende Winkel**
Anleitung siehe Seite 137

**5. Upavista konasana –
Der gestreckte Winkel**
Anleitung siehe Seite 138

6. Janu sirsasana – Die Knie-Kopf-Haltung
Anleitung siehe Seite 81

7. Pascimottanasana –
Die Rückenstreckung
Anleitung siehe Seite 82

8. Ardha halasana –
Der Halbpflug mit Stuhl oder Bett
Anleitung siehe Seite 98

9. Salamba sarvangasana –
Der Schulterstand
Anleitung siehe Seite 97

Menopause

Der Hormonhaushalt verändert sich in unserem Leben noch einmal komplett.

Eine Freundin, die ich sehr bewundere, hat ihre Erfahrungen mit den Wechseljahren mit mir geteilt. Sie empfindet sie als eine Zeit des Abschieds, aber auch als ein großes Geschenk von Freiheit.

Sie sagt, dass viele Frauen ihr ganzes Leben darum kämpfen, unabhängig und authentisch zu sein. Wenn sie den Mut dazu haben, sich der Veränderung zu öffnen, kann die Menopause eine große Freiheit bedeuten. Man muss sich jedoch auf diese «Flutwelle» vorbereiten, sonst wird man von ihrer Wucht überwältigt.

Sie vergleicht den Verlust ihrer Menstruation mit dem Verlust ihrer «Duftmarke»; als könne sie ihre Anziehungskraft auf Männer, die sie so viele Jahre lang für selbstverständlich gehalten hatte, erst jetzt wahrnehmen. Doch obwohl sich die Beziehung zur einen Hälfte der Menschheit, den Männern, verändere, könne man eine elementare Lebenslust empfinden, denn man sei endlich im Kern seiner Persönlichkeit angekommen. Sie fühlt sich nicht mehr als Objekt wahrgenommen, sondern als das, was sie wirklich ausmacht – von Männern wie von Frauen.

Sie sieht die Wechseljahre als eine Zeit des Abschieds und gleichzeitig als großes Geschenk. Manchmal fühlt sie sich wie ein Marathonläufer, der glaubt, er kann nicht mehr, und dann plötzlich von Glückshormonen überschwemmt wird und eine unendliche Kraft spürt.

Aber sie sagt auch, dass man offen über die Probleme in den Wechseljahren sprechen muss und kein Tabu daraus machen darf. Man darf sich nicht gegen das stellen, was man nicht verhindern kann, weil es zur Natur der Frau gehört. Nichtsdestotrotz sagt sie, dass die Wechseljahre eine sehr anstrengende, aufwühlende und alles Bisherige in Frage stellende Zeit sein können.

Sie rät, sich zur Unterstützung am besten einen Arzt zur Seite zu holen, mit dem man sich regelmäßig austauscht. Hormonschwankungen, die man alleine eventuell nicht bewältigen kann, kann man auch mit Hilfe von externen Hilfsmitteln, wie z. B.

homöopathischen Mitteln oder Hormonpräparaten, in den Griff bekommen.

Ich hatte die Gelegenheit, diese sehr erfolgreiche Frau auf einer Veranstaltung zu beobachten. Und tatsächlich: Die Männer, von denen sie ganze Heerscharen auf beruflicher Ebene kontrolliert, waren voller Bewunderung für diese wunderbare, weise, schöne Frau. Man konnte spüren, dass ihr Körper und ihre Seele im vollkommenen Einklang waren.

Meine Nachbarin in Los Angeles empfindet den Wechsel eher wie eine Zeit des Sich-noch-besser-Kennenlernens, des In-den-Kern-seiner-Selbst-Vordringens. Der Teppich ist plötzlich fort, unter den wir vieles gekehrt haben. Nach all den Jahren des Nestbaus und des Sich-um-andere-Kümmerns, in denen wir tausend Sachen gleichzeitig jonglierten, haben wir plötzlich keine Lust mehr. Wir fangen in den Wechseljahren endlich an, auf uns selbst Rücksicht zu nehmen. Dadurch entwickeln sich eine Gelassenheit und eine Ehrlichkeit, die uns in unserem Leben bisher gefehlt haben. Sie sagt: «An meinen Freundinnen, von denen manche schon weit über sechzig sind, sehe ich, welche wunderbaren Zeiten uns noch bevorstehen. Wir Frauen werden einfach immer besser.»

Sequenz neun: Bei Beschwerden in den Wechseljahren

1. Prasarita padottasana –
Die Vorwärtsbeuge mit gegrätschten Beinen
Anleitung siehe Seite 74

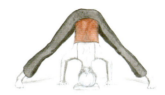

2. Virasana – Der Held: Vorwärtsbeuge
Anleitung siehe Seite 80

3. Adho mukha svanasana – Der Hund mit dem Gesicht nach unten
Anleitung siehe Seite 65

4. Janu sirsasana – Die Knie-Kopf-Haltung
Anleitung siehe Seite 80

5. Pascimottanasana –
Die Rückenstreckung
Anleitung siehe Seite 82

6. Sirsasana – Der Kopfstand an der Wand
Anleitung siehe Seite 76

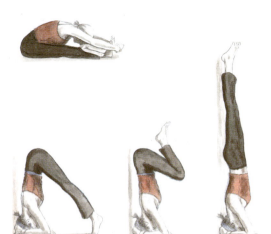

7. Salamba sarvangasana –
Der Schulterstand
Anleitung siehe Seite 97

8. Das Liegen auf Polstern
Anleitung siehe Seite 136

DIE INNERE SCHÖNHEIT

Hinter der äußeren Erscheinung liegt immer noch etwas verborgen, etwas, was man nicht beschreiben kann. Denn alle Schönheit, wann und wo auch immer, leuchtet gewissermaßen aus dem Inneren. Mein ganzes Leben lang fühlte ich mich auf unerklärliche Weise von Menschen angezogen, die für mich eine unbeschreibliche Klarheit ausstrahlten. Seit ich in Kalifornien lebe und mich, amerikanisch geworden, traue, nach ihrem Geheimnis zu fragen, ist die Antwort tatsächlich meistens: «Yoga!»

Und so kann man sich es vielleicht auch erklären, dass viele Hollywood-Stars regelmäßig Yoga betreiben. Als Schauspielerin weiß ich, dass der Körper das Instrument des Ausdrucks ist und idealerweise mit dem Geist im Einklang sein sollte. Diese unerklärliche Kraft, die dadurch entsteht, ist für mich das Geheimnis der Ausstrahlung.

Eigentlich liegt es auf der Hand: Wer jeden Tag Entspannungsübungen macht, kann Körper und Seele besser verbinden. Wir alle wissen, wie wir aussehen, wenn wir eine Woche lang nicht genug schlafen, keine Zeit zum Essen haben und von einem Termin zum anderen hetzen. Man sieht die Folgen sofort – und am schnellsten natürlich im Gesicht.

Die Yogis sagen, dass vor allem Umkehrstellungen dem Alterungsprozess entgegenwirken, ihn gewissermaßen umkehren. Tatsächlich ist es so, dass bei diesen Übungen das Blut in die entgegengesetzte Richtung fließt und so den Kopf und Oberkörper ausfüllt und nährt. Umkehrhaltungen heben die Schwerkraft auf. Das Unterste wird nach oben gekehrt, und so wird der ganze Körper entlastet. Geübte Yogis sagen, dass eine halbe Stunde Kopfstand oder Schulterstand täglich den Übenden verjüngen, nicht nur innerlich, sondern auch äußerlich.

Meiner Ansicht nach haben Menschen, die regelmäßig Yoga betreiben, rein körperlich gesehen die schönste Muskulatur. Statt nämlich nur partiell Muskelmasse aufzubauen und die Muskeln dadurch zu verhärten oder zu verkürzen, verlängert und dehnt Yoga die Muskulatur. So entstehen gesunde Muskeln, die auch nicht sofort wieder verschwinden. Der ganze Körper wird gestärkt und geformt.

Kathleen Fry, Präsidentin der amerikanischen Holistic Medicine Association in Scotsdale, sagt: «Yoga ist die einzige Sportart, die nicht allein auf einen Teil des Körpers zielt, Yoga stärkt den ganzen Körper.»

Den Körper zu stärken – das war mein Ziel und meine Motivation, als ich vor fünf Jahren begann, mich mit Yoga zu beschäftigen: Ich wollte einfach meinen beweglichen, jungen Körper erhalten und eine schöne Muskulatur aufbauen. Zudem hatte ich mit hartnäckigen und immer wiederkehrenden Rückenschmerzen zu

tun. Heute bin ich heilfroh, dass ich damals schon mit Yoga anfing. Denn als mich mein schwerer Schicksalsschlag ereilte, konnte ich auf eine gewisse «Yogapraxis» zurückgreifen und dann deren tiefere Bedeutung verstehen lernen. Die heilenden Eigenschaften der uralten Lehre haben mich aus den tiefsten Abgründen gerettet.

Auch die Ernährungsgewohnheiten verändern sich durch Yoga, ohne dass man wirklich etwas dafür tut. Es passiert – fast wie ein Wunder – wie von selbst. Man nimmt das Essen bewusster wahr und genießt es deshalb mehr.

Ich war früher ein ziemlicher «Junkfood-Fresser» – das ist in Amerika natürlich besonders einfach: Pizza, Burger, Pommes frites und Chips standen täglich auf meinem Speiseplan. Heute ist es für mich unvorstellbar geworden, diesen schweren Ballast meinem Körper zuzumuten. Es ist fast ein Hobby für mich geworden, gesund zu essen, obwohl ich meine Essgewohnheiten bewusst gar nicht ändern wollte.

Mit Yoga verändert man sich ohne Zwang und Anstrengung. Das neue Körperbewusstsein, das sich dadurch entwickelt, umfasst alle Ebenen. Der Körper entgiftet sich ganz von selbst, denn Yoga stimuliert das Lymphsystem. Dadurch werden Giftstoffe aus dem Inneren des Organismus abtransportiert.

Wenn ich heute krank bin, dann nur ganz kurz. Ich habe vielleicht mal einen Schnupfen oder Halsweh. Aber das meiste kann ich abschütteln, weil mein Immunsystem widerstandsfähiger ist. Natürlich gibt es auch hier, wie in so vielen anderen Bereichen unseres Lebens, ein einfaches Erfolgsgeheimnis. Wie für fast alle Dinge im Leben gilt auch hier: Je kontinuierlicher und disziplinierter man etwas betreibt, was einen stabiler macht, desto geschützter sind Körper und Seele im Falle einer Katastrophe. Alterslose Gesundheit ist ein wahres Glück. Und man erhält sie, indem man sie ein Leben lang pflegt.

Ein Weiser wurde gefragt, welches
die wichtigste Stunde sei, die der Mensch erlebt,
welches der bedeutendste Mensch,
der ihm begegnet, und
welches das notwendigste Werk sei.

Die Antwort lautete:
Die wichtigste Stunde ist immer die Gegenwart,
der bedeutendste Mensch immer der,
der dir gerade gegenübersteht,
und das notwendigste Werk ist immer die Liebe.

Meister Eckhart

Surya namaskar – Der Sonnengruß

Eine Übung, die den Körper stärkt und elastisch hält

Der Sonnengruß ist für mich eine der wichtigsten und effektivsten Übungen beim Yoga. Wenn ich eine innere Unruhe verspüre oder nervös und angespannt bin, mache ich, egal, wo und wann, wenn es räumlich irgend möglich ist, einen Sonnenzyklus.

Als ich neulich für Mode-Fotoaufnahmen in Hamburg war und im Studio eine schlechte Stimmung herrschte, weil alle müde und überarbeitet waren, habe ich sie zum Sonnengruß überredet – kein leichtes Unterfangen, denn bei den Männern, die in der Überzahl waren, ist das meist mit leichten Anlaufschwierigkeiten verbunden. Nachdem alle dreimal den Zyklus wiederholt hatten, dankten sie mir mit einem breiten Lächeln. Die Stimmung war sofort auf einem anderen Niveau, die gute Energie im Raum war wiederhergestellt.

Die Sonne als Symbol des Lebens spielte für die Menschen in allen Kulturen eine zentrale Rolle. Die morgendliche Kraft des Sonnenaufgangs, die sanfte Stille des Sonnenuntergangs bezaubern uns immer wieder. Die Sonne bedeutet für uns Leben, Wärme, Kraft, Wachstum, Energie, Reinheit und Gesundheit.

Der Sonnengruß ist die bekannteste Übungssequenz im Hatha-Yoga und aus verschiedenen Stellungen zusammengesetzt. In gewisser Weise spiegelt er das Auf- und Untergehen der Sonne wider. Der Zyklus beginnt mit einer Ruhehaltung, führt über das Sichstrecken und -dehnen in eine Verbeugung und dann zum Niederwerfen auf die Erde. Schrittweise richtet man sich wieder auf, dehnt und streckt sich, um wieder in der Haltung der inneren Sammlung zu enden.

Man wiederholt die Reihe mit jeweils dem rechten und dem linken Bein min-

destens drei-, am besten aber zwölfmal, um den Körper damit beweglich zu machen und die Muskeln vor den Übungen aufzuwärmen.

Üben Sie den Sonnengruß, wann immer Sie wollen – nur möglichst nicht kurz vor dem Schlafengehen, weil er eher energetisierend als beruhigend wirkt. Mein Sohn Christopher führt Ihnen die Abfolge auf den beiden vorigen Seiten vor.

1. In Tadasana – Der Berg stehen und die Namasté-Geste machen.

2. Einatmen, die Arme hochnehmen in den «Berg mit erhobenen Armen». Wenn möglich, aus der Taille zurückbeugen.

3. Dann ausatmen und aus der Taille heraus in Uttanasana – Die Vorwärtsbeuge beugen. Ohne Druck, nur so weit Sie kommen, nach unten dehnen. Bei Rückenproblemen immer die Knie leicht beugen!

4. Einatmen und das rechte (oder das linke) Bein nach hinten strecken und mit dem Knie den Boden berühren, dabei nach oben schauen. Nichts erzwingen!

5. Einatmen und beim Ausatmen auch das andere Bein zurücknehmen. Das Gewicht auf Hände und Zehen stützen. Kopf und Körper in einer Linie halten, zwischen den Händen auf den Boden schauen. Diese Stellung ähnelt dem «Liegestütz»; die Handgelenke sind direkt unter der Schulter. Ausatmen und den Körper auf den Boden senken. Diese Stellung heißt «Caturanga dandasana» – Das Brett.

6. Einatmen, die Zehen nach hinten ausstrecken und den Oberkörper, gestützt auf die Arme (kann auch nur Ellenbogenhöhe sein), zurückbeugen. Die Beine sind geschlossen, die Schultern bleiben unten. Diese Übung heißt Urdhva mukha svanasana – «Der Hund mit dem Gesicht nach oben».

7. Jetzt ausatmen, die Zehen nach vorn nehmen und die Hüften heben, sodass der Körper in Adho mukha svanasana – «Der Hund mit dem Gesicht nach unten» kommt. Wenn es geht, die Fersen auf den Boden bringen.

8. Einatmen und den linken (oder den rechten) Fuß nach vorn zwischen die Hände stellen, das andere Knie berührt den Boden. Nach oben schauen.

9. Ausatmen, das andere Bein nach vorne bringen und aus der Taille heraus nach unten beugen: Uttanasana – Die Vorwärtsbeuge. Bei Rückenproblemen können Sie die Knie beugen.

10. Einatmen und mit geradem Rücken aufrichten. Die Arme erst nach vorn, dann nach oben und, wenn es geht, über den Kopf nach hinten strecken und den Oberkörper folgen lassen.

11. Ausatmen und entspannt und gerade in Tadasana – Der Berg stehen.

Die Folge wiederholen.

KOPFSCHMERZEN

Unsere moderne Gesellschaft mag zwar den Stress erfunden haben, aber die Kopfschmerzen sicher nicht. Von Beginn der Geschichtsschreibung an haben die Menschen darunter gelitten, und sogar die uralte Yogaliteratur ist voll von Aufzeichnungen über Kopfweh und den Asanas, mit denen man sie behandelt. Fast jeder hat von Zeit zu Zeit einmal Kopfschmerzen, und manche leiden sogar jeden Tag darunter. Allein in den USA leiden ungefähr 26 Millionen Menschen unter Migräne.

Obwohl wir oft glauben, dass einzelne Körperteile wie der Nacken oder die Nebenhöhlen den Kopfschmerz auslösen, ist es doch vorrangig das Nervensystem, das für den Schmerz verantwortlich ist. Das Nervensystem besteht aus dem Gehirn, der Wirbelsäule und den Nerven, die in die entlegensten Körperregionen reichen. Es koordiniert jede Bewegung und Aktivität unseres Körpers: die Gedanken, die Sprache und das Sprachverständnis, alle unsere Sinne und die Funktion unserer Muskeln und Organe. Daher ist das Beruhigen des Nervensystems eines der wichtigsten Ziele im Yoga.

Es gibt Schmerzsensoren in unserer Haut und in allen anderen Organen unseres Körpers. Wenn diese stimuliert werden, senden sie Reize an das Gehirn, wo die Signale empfangen und ausgewertet werden: Man fühlt Schmerz. Wenn man sich in einer sta-

bilen Gemütslage befindet, werden die Schmerzsignale langsamer weitergeleitet, und so fühlt man weniger Schmerz. Ist man dagegen im Stress, können die Reize ungehindert und unvermindert zum Gehirn gelangen. Der Schmerz wird dann als stärker empfunden. Deshalb haben Gemütszustand und Stresslevel einen direkten Einfluss auf das Ausmaß des Schmerzes.

Wenn Sie chronische und außerordentlich starke Schmerzen haben, sollten Sie zu einem Arzt gehen, bevor Sie mit Yoga oder irgendeiner anderen Form von Therapie beginnen.

Die meisten Kopfschmerzen sind jedoch keine Krankheit, sondern ein Symptom, dessen Ursachen meist ganz harmlos sind, auch wenn sie sehr schmerzhaft sein und durchaus mehrere Tage anhalten können. Die Kopfschmerzen, unter denen wir nach einem langen Arbeitstag leiden, sind meistens auf Verspannungen in Kopf und Nacken zurückzuführen. Sie fühlen sich an wie ein eisernes Band um den Kopf herum; der ganze Kopf schmerzt gleichmäßig.

Migränekopfschmerzen dagegen betreffen oft nur eine Seite des Kopfes. Das Wort «Migräne» stammt aus dem Griechischen «hemicranios» und bedeutet «halber Kopf». Der Schmerz wird meist als pochend beschrieben, und manche Betroffene müssen sich übergeben. Sie sind licht- und geräuschempfindlich und würden am liebsten den ganzen Tag lang schlafen, bis die Schmerzen fort sind. Migräneattacken kündigen sich oft durch ein Flimmern vor den Augen oder andere Sehstörungen an. Die Wissenschaft hat noch immer keine befriedigende Erklärung für die Ursachen von Migräne gefunden. Aber 90 Prozent der Migräneleidenden haben mindestens ein Mitglied in der Familie mit demselben Problem.

Wenn man versucht, seine Kopfschmerzen zu behandeln, ist es wichtig, dass man versteht, dass jeder Mensch unterschiedlich reagiert. Was für den einen gut ist, muss dem anderen nicht unbedingt helfen. Und sogar das, was bei einem selbst einmal erfolgreich war, muss das nächste Mal nicht mehr helfen. Aus diesem Grund schlagen Yogatherapeuten vor, die Kopfschmerzen aus vielerlei Sicht zu beobachten und so herauszufinden, ob Änderungen der Schlaf- oder Essgewohnheiten, Hormonschwankungen, Wetterumschwünge und Stress die Auslöser sein könnten.

Wenn Sie unter chronischen Kopfschmerzen leiden und Ihre persönlichen Kopfschmerzauslöser noch nicht erkannt haben, kann es helfen, ein Tagebuch zu führen, in dem Sie genau die Schwere und die Häufigkeit der Kopfschmerzen und alle möglichen Auslöser auflisten. Nahrungsmittel, die bei vielen Menschen Migräne auslösen, sind Alkohol, gereifter Käse, Rotwein, Schokolade, Milchprodukte, Nitrate in Wurst und Fleisch, Geschmacksverstärker (in Maggi, Fondor, Glutamat etc.) und Aspartam (Süßstoff) so-

wie entweder zu viel oder zu wenig Koffein, Umweltbedingungen wie verrauchte Räume, Parfums und Wetterumschwünge. Achten Sie auch darauf, ob Sie vor einer Kopfschmerzattacke unregelmäßig gegessen oder Medikamente genommen haben.

Stress hat dieselben Auswirkungen auf Migräne wie auch auf Asthma oder Herzkrankheiten: Er verstärkt die Symptome. Stress ist nicht für die körperlichen Anlagen verantwortlich, aber er bringt die Schwachstellen der Gesundheit zum Vorschein.

Yoga hat anerkanntermaßen eine stressreduzierende Wirkung auf den Körper. Yoga entspannt die verhärteten Muskelpartien, die für das Entstehen von Spannungskopfschmerzen verantwortlich sind. Die Yogalehre insgesamt kann den Teufelskreis von Schmerzen, Schmerzangst und wiederum daraus resultierenden Schmerzen durchbrechen.

Sequenz zehn: Bei Kopfschmerzen

1. Die Wickeltechnik

Bei starken Kopfschmerzen den Kopf mit einem Verband rund um die Stirn fest bandagieren, so dass die Augen verdeckt sind, man aber mit einem Finger unter dem Verband hindurch an die Augen kommt.

Machen Sie die Übungen möglichst mit bandagiertem Kopf. Zwischen den Übungsteilen den Verband hochschieben um sich zu orientieren. Man kann alle folgenden Übungen auch ohne Verband machen. Mit Verband sind sie allerdings effektiver.

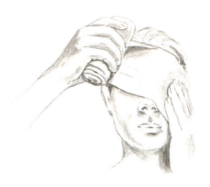

2. Virasana – Der Held: Vorwärtsbeuge
Anleitung siehe Seite 80

3. Janu sirsasana – Die Knie-Kopf-Haltung
Anleitung siehe Seite 81

**4. Pascimottanasana –
Die Rückenstreckung**
Anleitung siehe Seite 82

**5. Ardha halasana – Der Halbpflug
mit Stuhl oder Bett**
Anleitung siehe Seite 98

6. Das Liegen auf Polstern
Anleitung siehe Seite 136

DER RÜCKEN

Es ist uns immer weniger möglich, im Einklang mit dem Rhythmus der Natur zu leben. Wir können keine Rücksicht mehr nehmen auf Tages- und Nachtzeiten, auf unseren körpereigenen Anspruch auf Bewegung oder Schlaf. Stattdessen hetzen wir von einem Termin zum anderen, sitzen stundenlang vor dem Computer in klimatisierten Räumen und essen nur, wenn es der hektische Tagesablauf zulässt – oder dann am Abend, viel zu spät und meist mit einer gehörigen Dosis Alkohol, damit Körper und Geist endlich zur Ruhe kommen. Die Umstände können wir in unserer heutigen Zeit nicht mehr so einfach ändern. Aber die Auswirkungen spüren wir alle.

Es gibt Studien, die beweisen, dass mentaler Stress und Muskelverspannungen in direktem Zusammenhang stehen. Yoga-übungen helfen, falsche Bewegungs- oder Haltungsmuster zu korrigieren und die Muskeln wieder zu entspannen. Das ist der entscheidende Schritt auf dem Weg zur Heilung.

Die meisten Menschen haben irgendwann in ihrem Leben einmal Rückenschmerzen. Die verbreitetste Form tritt im unteren Teil des Rückens im Bereich der Lendenwirbel auf. Erst wenn man sich falsch bewegt oder verhebt, merkt man, wo die Schwachstellen im Rücken liegen.

Viele Frauen verspüren ihre ersten Rückenschmerzen bei einer Schwangerschaft oder wenn sie ihre Kinder einseitig herumtragen. Wenn Sie stundenlang vor dem Computer sitzen, oft hohe Absätze tragen oder bei Ihrer Arbeit schwer heben müssen, sind Sie ein Kandidat für Rückenschmerzen.

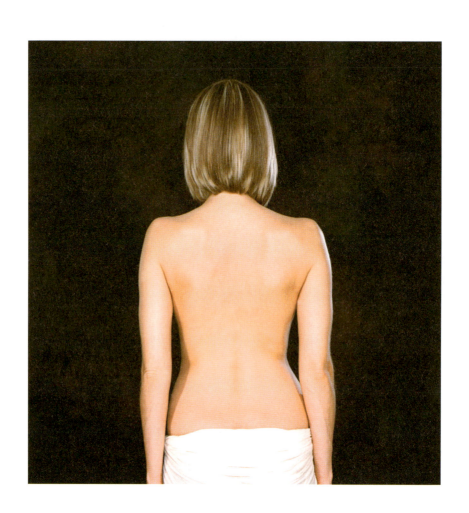

Stress ist geradezu ein Garant für Rückenschmerzen. Die meisten kennen diesen fest sitzenden, verspannten Schmerz im Nacken oder in den Schultern, der nach einer Massage oder einem heißen Bad schreit. Unter Stress ziehen wir die Schultern hoch, ohne dass es uns bewusst ist, die Gesichtsmuskulatur verkrampft, die inneren Organe werden zusammengedrückt.

Meine Freundin musste jahrelang auf einem keilförmigen Kissen sitzen, um den Rücken zu entlasten. Tragen durfte sie gar nichts, nicht einmal ihre Einkaufstüten, und wenn sie lange stehen musste, brachten sie ihre Rückenschmerzen beinahe um. Die Ärzte rieten ihr, den Rücken zu schonen, und so schonte sie sich, bis sich ihre Rückenmuskulatur zurückbildete und ihre Schmerzen immer schlimmer wurden. Im Beruf musste sie sich oft krankschreiben lassen, und sie sah ihre Krankengymnastin fast häufiger als ihren Lebensgefährten. Als sie schließlich mit Yoga begann, verspürte sie schon nach drei Wochen eine deutliche Verbesserung im Lendenwirbelbereich, also genau dort, wo ihre Schmerzen saßen. Seit sie regelmäßig übt, ist ihr unterer Rücken so beweglich und

stark geworden, dass sie sich kaum noch erinnern kann, wie sehr sie unter ihren Rückenschmerzen gelitten hat.

Neunzig Prozent der Menschen, die gegen ihre akuten Schmerzen regelmäßig Yoga treiben, verspüren innerhalb eines Monats eine deutliche Besserung. Menschen, die diagnostizierte Rückenbefunde haben, sollten aber nur gezielt mit einem Yogatherapeuten arbeiten.

Während die meisten Rückenprobleme in direktem Zusammenhang mit Muskeln, Knochen, Gelenken, Sehnen und Bändern stehen, können Rückenschmerzen auch auftreten, wenn man Niereninfektionen, Geschwüre oder Verdauungsprobleme hat, bei Frauen auch als Folge von Störungen in den Fortpflanzungsorganen oder sogar von Krebs. Aus diesem Grund müssen Sie unbedingt zuerst eine Diagnose vom Arzt einholen, wenn Sie schwere oder konstante Rückenschmerzen haben.

Wenn Sie zu den Menschen gehören, die schon einmal bei der Kranken- oder Rückengymnastik waren, werden Sie die meisten Übungen wiedererkennen, denn fast alle sind aus Yogasequenzen abgeleitet.

Sequenz elf: Bei Rückenschmerzen

1. Virasana – Der Held: Vorwärtsbeuge
Anleitung siehe Seite 80

2. Maricyasana – Der Weise, stehend
Einen hohen Stuhl oder Hocker mit der Lehne seitwärts gegen eine Wand oder ein Möbel mit einem Vorsprung stellen. Entspannt und gerade vor den Stuhl und rechts zur Wand stellen. Rechten Fuß auf die Sitzfläche des Hockers stellen, der Oberschenkel ist parallel zur Wand und berührt sie. Das linke Bein steht durchgestreckt und gerade; am besten nur auf den linken Zehen stehen und die Ferse durch ein Buch o. Ä. zu unterstützen.

Nun mit dem Oberkörper nach rechts zur Wand drehen und mit beiden Händen am Wandvorsprung festhalten. Den Oberkörper durch den Druck der Arme sanft weiter nach rechts drehen; der Kopf schaut über die rechte Schulter. Ruhig atmen und 20 bis 30 Sekunden halten, dann lösen, wieder in die Mitte drehen und die Übung auf der anderen Seite wiederholen.

3. Bharadvajasana – Der Weise, sitzend

Seitlich auf einen Stuhl setzen, die Lehne berührt den rechten Oberschenkel. Den Oberkörper strecken und den Brustkorb öffnen. Die Knie und Füße berühren sich. Ausatmen, die Rückenlehne mit beiden Händen seitlich greifen und den Oberkörper sanft nach rechts zur Stuhllehne drehen. Die Beine bleiben, wo sie sind. Der Blick geht über die rechte Schulter. Ruhig atmen und 20 bis 30 Sekunden oder 10 Atemzüge so bleiben. Ausatmen und wieder in die Mitte kommen. Auf die andere Seite des Stuhls setzen und die Übung für die linke Seite wiederholen.

4. Trikonasana – Das Dreieck
Anleitung siehe Seite 91

5. Supta padangusthasana – Liegende Dehnung in zwei Teilen

Mit geschlossenen Beinen lang auf dem Rücken liegen, den Kopf gerade halten. Linkes Bein durchgestreckt auf dem Boden lassen, den linken Arm auf den Oberschenkel legen. Mit einem Gürtel den rechten Fuß halten und sanft zu sich ziehen oder mit dem Daumen, Zeigefinger und Mittelfinger die große Zehe des rechten Fußes greifen. Einatmen und das rechte Bein nach oben strecken, so weit es möglich ist, ohne einzuknicken. Der Oberkörper bleibt auf dem Boden.

Jetzt das rechte Bein in der Hüfte nach außen klappen lassen, so weit es geht, möglichst bis zum Boden. Das Bein und den Arm, der das Bein hält, gerade halten. Der Oberkörper bleibt stabil, der Rücken liegt vollständig auf dem Boden und folgt der Bewegung nicht. Normal atmen und 20 bis 30 Sekunden halten.

Dann das Bein wieder in die Mitte bewegen und noch einmal gerade zum Kopf ziehen. Normal atmen. Ausatmen, lösen und mit dem anderen Bein wiederholen.

Teil I

Teil II

6. Liegende Rückenentspannung

Auf den Rücken legen, sodass der Oberkörper flach auf dem Boden liegt. Die Arme liegen parallel zum Körper, die Schultern sind entspannt. Die Beine hochnehmen und die Unterschenkel auf das Bett legen. Ruhig atmen. 5 bis 10 Minuten halten bzw. so lange es Ihnen angenehm ist.

- Die einfache Atemübung auf Seite 39 machen.

VERDAUUNG UND ERNÄHRUNG

Die alten Yogis benutzten das Symbol von «agni», Sanskrit für «Feuer», für die Verdauung. In dieser Lehre sind Verdauungsprobleme ein Zeichen für eine Unausgeglichenheit im «ewigen Feuer».

Obwohl Verdauungsstörungen jeden betreffen können, sind die meisten Betroffenen zwischen 15 und 45 Jahre alt; Frauen leiden öfter darunter als Männer. Die häufigste Ursache für Verdauungsstörungen ist schlechte Ernährung, also zu viel Weiß-

mehlprodukte, Süßigkeiten und fettige Nahrungsmittel, zu wenig Ballaststoffe, Obst, Gemüse und Flüssigkeit. Aber auch alle Stressfaktoren wie Schlaflosigkeit, häufiges Reisen, Erschöpfung und Ängste wirken auf die Verdauung.

Wer sich wirklich tief auf die Lehre des Yoga einlassen will, sollte bestimmte Ernährungsregeln beachten. Echte Yogis sind Vegetarier. Sie teilen die Nahrung in drei Gruppen ein:

Rajas

Rajas sind alle Nahrungsmittel, die den Körper stimulieren, so z. B. Kaffee, Tee, raffinierter Zucker, aber auch Zwiebeln, Knoblauch, Chili und alles, was stark gewürzt ist. Auch besonders bittere, saure, süße, salzige oder scharfe Nahrungsmittel bringen das Nervensystem und damit auch den Geist aus der Balance.

Tamas

Tamas sind Nahrungsmittel, die uns «herunterziehen» und Energie rauben. Sie stören das fein ausbalancierte Gleichgewicht im Körper. Dazu gehören alte, abgestandene und verdorbene Nahrungsmittel ebenso wie Fleisch, Alkohol und Vergorenes, aber auch frittierte oder aufgewärmte Speisen und Nikotin. Diese Nahrungsmittel fördern die Anfälligkeit für chronische Krankheiten.

Sattva

«Gute» Nahrungsmittel sind Sattva. Dazu gehören alle frischen und unverfälschten, d.h. nicht industriell bearbeiteten Dinge wie Getreide, ungeschälter Reis, Nüsse und Saaten, frische und getrocknete Früchte, Hülsenfrüchte, Milchprodukte in nicht allzu großen Mengen und Honig (anstelle von raffiniertem Zucker).

Heute ist es wissenschaftlich bewiesen, dass eine schlechte Ernährung den Körper krank machen kann. Die Ernährungslehre der Yogis stimmt mit den meisten Regeln überein, die Ihnen heutzutage jeder Arzt empfehlen wird, denn Yogis wussten um die Auswirkungen der Ernährung auf den Gesundheitszustand des Menschen schon vor Tausenden von Jahren.

Ich selbst halte mich, ehrlich gesagt, nicht allzu streng an die Ernährungsregeln des Yoga. Wenn mich die Lust auf ein Stück Fleisch überkommt, gebe ich ihr

nach, und ich finde auch, dass gegen ein gelegentliches Glas Rotwein nichts einzuwenden ist.

Dennoch merke ich, dass mich schon eine Tasse Kaffee vor der Yogastunde so aus dem Gleichgewicht bringen kann, dass ich bestimmte Balanceübungen kaum noch schaffe, ganz zu schweigen von Alkohol oder Zigaretten, die das Gleichgewicht des Organismus vollends aus dem Lot bringen.

Wenn Sie regelmäßig Yoga betreiben, werden Sie bald merken, dass sich Ihr Essverhalten ändert. Vermutlich werden Sie

einige schlechte Gewohnheiten ablegen und ein paar Pfund abnehmen, ganz ohne sich darum zu bemühen.

Yogatherapeuten sind überzeugt, dass man mit regelmäßigen Yogaübungen den Körper so weit in Balance bringen kann, dass alle Verdauungsstörungen und ihre Symptome verschwinden.

Sequenz zwölf: Bei Verdauungsstörungen

1. Utthita trikonasana –
Das gestreckte Dreieck
Anleitung siehe Seite 91

2. Utthita parsvakonasana – Der seitlich gestreckte Winkel

Gerade und entspannt stehen. Die Füße sind etwa 1,30 Meter voneinander entfernt; idealerweise sind die Handgelenke auf einer Linie mit den Knöcheln. Den linken Fuß ein wenig, den rechten Fuß um 90 Grad ausdrehen (wie beim gestreckten Dreieck).

Ausatmen und dabei das rechte Bein zum rechten Winkel beugen. Den Oberkörper zum Bein senken, den rechten gestreckten Arm außen neben das rechte Bein platzieren und die Hand aufsetzen. Den linken Arm erst senkrecht hoch und, wenn es geht, so weit wie möglich über den Kopf in einer Linie mit dem linken Bein strecken, die Handfläche zeigt nach unten. Den Kopf drehen und zum linken Arm schauen. Ruhig atmen und 20 bis 30 Sekunden halten.

Dann einatmen, das rechte Bein aufrichten, Oberkörper zur Mitte drehen und auf der anderen Seite wiederholen.

- Wenn Sie mit dem rechten Arm nicht bis ganz auf den Boden kommen, können Sie ein oder mehrere Bücher oder einen Topf unter die Hand legen oder sich mit dem Unterarm auf dem angewinkelten Bein abstützen.
- Wenn der Nacken verspannt ist, schauen Sie nach unten.

3. Virabhadrasana II – Der Krieger II
Anleitung siehe Seite 94

4. Virabhadrasana I – Der Krieger I
Anleitung siehe Seite 95

5. Parsvottanasana –
Die seitliche Streckung mit Stuhl
Anleitung siehe Seite 78

1. Virasana – Der Held: Vorwärtsbeuge
Anleitung siehe Seite 80

7. Salamba sarvangasana –
Der unterstützte Schulterstand
Anleitung siehe Seite 62
Statt Übung Nr. 7 können Sie auch Viparita Karani – Die einfache Umkehrhaltung (Anleitung siehe Seite 83) machen.

INTERVIEW
MIT PAUL CABANIS (32),
Iyengar-Lehrer in Los Angeles

Paul Cabanis ist ein zertifizierter Iyengar-Lehrer für fortgeschrittene Anfänger und unterrichtet seit über zehn Jahren in Los Angeles und Umgebung. Er verbrachte zwei Jahre am Iyengar-Institut in Pune, Indien, wo er von B.K.S. Iyengar, dem Gründer der Lehre, viel über die Yogalehre und ihre Wurzeln in der indischen Philosophie lernte. Paul hat mit mir die Sequenzen in diesem Buch entwickelt und stand mir als Berater zur Seite.

URSULA: Paul, wo bist du aufgewachsen, woher kommst du?

PAUL: Aufgewachsen bin ich in Berlin-Lichterfelde. Nach dem Abitur habe ich Literaturwissenschaft und vergleichende Religionswissenschaften studiert, aber nicht abgeschlossen. Ich habe damals schon geschauspielert und bin deshalb nach Los Angeles gegangen. Dort habe ich Method Acting gelernt.

URSULA: Wie bist du dann zum Yoga gekommen?

PAUL: Meine Mutter starb, als ich sechs Jahre alt war. Sie hinterließ einige Yogabücher. Aus Neugier, was meine Mutter so bewegt hatte, begann ich mich damit zu beschäftigen. Als ich so 13, 14 Jahre alt war, starb auch noch ein Freund meines Vaters, dem ich mich sehr verbunden gefühlt hatte. Er hinterließ Bücher über Buddhismus, die ich dann las. Schon damals interessierte ich mich für östliche Philosophien, und auch die Schmerzbewältigung war für mich ein Aspekt.

URSULA: Du hast dich schon in sehr jungen Jahren mit dem Buddhismus beschäftigt?

PAUL: Ja, aber ich habe ihn zunächst auch gründlich missverstanden, wie man das als Teenager so tut. Ich dachte, wenn nichts Realität hat, dann muss man auch

mit nichts eine Verbindung haben, man kann sich abkapseln. Das passte mir in dieser Phase einfach gut ins Konzept.

URSULA: Nach dieser «Phase» kam dann die Schauspielerei und damit verbunden Yoga. Wer gab dir den Antrieb und warum?

PAUL: Ich arbeitete in Deutschland als Schauspieler, und als ich 22 Jahre alt war, zog ich deshalb nach L.A. Meine Schauspiellehrerin hier machte auch Yoga und empfahl mir, damit wieder zu beginnen, weil sie mich als so unentspannt empfand. Zwischen 18 und 22 hatte ich damit wegen der Schauspielerei nämlich ausgesetzt und vorher auch nur nach Büchern geübt oder selbst Stellungen erfunden. Also besuchte ich meinen ersten Yogakurs. In Los Angeles kann man fast alle Yogaschulen finden. Hier habe ich auch Asthanga, Kundalini, Flow usw. ausprobiert. Aber Iyengar-Yoga hat mir am besten gefallen, weil es so präzise und meditativ ist.

URSULA: Wann hast du gemerkt, dass Yoga für dich wichtiger ist als der Beruf des Schauspielers?

PAUL: Sehr schnell. Ich wollte hier ja eigentlich gar nicht arbeiten, sondern nur etwas lernen und dann in Deutschland wieder als Schauspieler arbeiten. Aber ich spürte beim Yoga, dass wieder etwas begann, was ich noch nicht abgeschlossen hatte. Menschen zu helfen ist ja auch für viele Schauspieler eine Motivation, und dieses Bedürfnis hat sich dann bei mir auf das Yoga übertragen.

URSULA: Wie bist du Yogalehrer geworden?

PAUL: Mein Weg war auch hier unorthodox. Nachdem ich ungefähr ein Jahr lang Iyengar-Yoga betrieben hatte, fing ich sofort an zu unterrichten, was eigentlich zu schnell ist. Auf der anderen Seite lernt man eine Sache am besten, indem man sie tut. Aber im Grunde ist es ein rigoroses Training, das man hinter sich bringen muss. Wenn man sich »Iyengar-Lehrer« nennen will, muss man ein Zertifikat haben, und das bekommt man wiederum nur, wenn man einen Test besteht, eine Art Diplom.

URSULA: Du hast aber auch Unterricht bei B. K. S. Iyengar selbst genommen?

PAUL: Ja, von 1995 an war ich zwei Jahre in Indien, in Poona. Eine ungeheure Erfahrung.

URSULA: Bist du persönlich von Iyengar trainiert worden?

PAUL: Wenig. Iyengar, der ja nun schon seit 60 Jahren lehrt, hatte immer 70 bis 80 Leute um sich herum. Aber er macht seine eigenen Übungen auch öffentlich, sodass man neben der »lebenden Legende« üben und zuschauen kann, was er genau macht. Fotos geben ja nur einen Ausschnitt wieder. Wirklich beeindruckend sind auch die so genannten therapeutischen Klassen. Dorthin kommen Menschen mit echten Beschwerden, mit Lähmungen usw. Es gibt Depressive, die bei ihm ihre Krankheit ohne Medikation loswerden – aber das ist alles nichts Mirakulöses, sondern ein Prozess. Man muss sehr hart und mit großer Disziplin arbeiten, um seine Krankheiten zu heilen.

URSULA: Wie funktioniert das?

PAUL: Iyengar arbeitet mit Seilen, Blöcken und anderen Hilfsmitteln, um eben denen zu helfen, die sonst im Yoga keine Chance hätten, und er rät ihnen, jeden Tag die verschriebenen Praktiken zu üben. Das hilft den Kranken sehr. Man kann in seinen therapeutischen Klassen erstaunliche Besserungsprozesse beobachten.

URSULA: Ist Iyengar damit die Schule, die am ehesten krankheitsbezogen ist?

PAUL: Ja, aber natürlich ist Krankheit nur die äußere Manifestation des Leidensprinzips in der Natur. Und Iyengar Yoga, wie jede andere Form von Yoga auch, zielt nicht nur darauf ab, grobe Formen des Leidens, etwa körperliche, sondern auch subtilere Formen, nämlich geistige und spirituelle, zu heilen. Ich würde allerdings schon sagen, dass Iyengar-Yoga das medizinisch-anatomische Bild, das wir Westler vom Menschen haben, in seinen Heilungsprozess stark einbezieht.

URSULA: Würdest du sagen, dass Iyengar-Yoga das von Ärzten am häufigsten empfohlene Yoga ist?

PAUL: Es ist wohl noch nicht so weit, dass Ärzte die Unterschiede zwischen den verschiedenen Yogaformen kennen und danach empfehlen. Was heute immerhin schon untersucht wird, ist der Zusammenhang zwischen Yoga allgemein und der Heilung bestimmter Beschwerden oder sogar Krankheiten. Es gibt zum Beispiel schon Erkenntnisse, nach denen Yoga bei der Behandlung von Depressionen hilft. So genannte Doppelblind-Studien, in denen eine Gruppe ein pharmazeutisch wirksames Medikament, die andere ein Placebo bekommt, kann man mit Yoga ja nicht durchführen, weil die Betroffenen, die Yoga machen, nun einmal wissen, dass sie Yoga machen – der Placebo-Effekt kann dabei also nicht wirksam werden. Daher tun sich streng wissenschaftliche Kreise schwer, Yoga als «Heilmittel» im weitesten Sinn zu akzeptieren.

URSULA: Und danach, zurück in Los Angeles?

PAUL: Da habe ich wieder unterrichtet und weitere Prüfungen gemacht, um weitere Stufen in der Iyengar-Lehrer-Hierarchie zu bewältigen. Davon gibt es insgesamt zehn. Ich stehe zur Zeit im Rang des «Intermediate Junior».

URSULA: Deine ganze Konzentration gilt also dem Yoga und damit sind nicht nur die Übungen gemeint. Du hast z. B. auch deine Ernährung komplett geändert und lebst vegetarisch.

PAUL: Ja, seit etwa zehn Jahren. Das hat nicht nur ethische, sondern auch physiologische Gründe. Wenn man viel Yoga macht, entwickelt sich eine gewisse körperliche Sensibilität. In bestimmten Stellungen merkt man genau, wenn man am Tag vorher Fleisch gegessen hat: Man fühlt sich etwas schwer und stumpf. Aber das soll nicht heißen, dass alle Leute, die Yoga machen wollen, unbedingt auf Fleisch verzichten müssen.

URSULA: Ich selbst spüre vor allem die Auswirkungen von Alkohol. Wenn ich am Abend vorher auch nur ein Bier getrunken habe, fallen mir einige Stellungen schwer.

PAUL: Alkohol schwächt sehr stark. Die Stärke, die man für Yoga braucht, unterscheidet sich von der, die man zum Gewichtheben aufwenden muss. Ein gutes Beispiel dafür sind die drei »Krieger«-Stellungen.

URSULA: Was ist denn mit Kaffee? Mich bringt schon die Tasse am Morgen aus den Balanceübungen.

PAUL:: Kaffee stört mein Yoga nicht. Aber das muss jeder für sich selbst herausfinden, denn jeder Körper reagiert anders.

URSULA: Was möchtest du gern noch erreichen in deinem Leben?

PAUL: Gar nichts. Ich möchte nur mein Yoga verbessern, selbst besser werden und besser lehren.

URSULA: Ist Iyengar-Yoga die schwierigste Form von Yoga?

PAUL: Nein, jede Schule hat ihre eigenen Schwierigkeiten. Bei Iyengar sind es eben die Feinheit und Präzision der Positionen, die hohe Konzentration verlangen. Nicht so einfach ist es beim Iyengar-Yoga auch, zu verstehen, wie man Sequenzen aufbaut. In anderen Yogasystemen bekommt man eine vorgeschriebene Sequenz, die man immer wiederholt. Das erfordert dann eine andere Form der Disziplin.

URSULA: Glaubst du, dass man für Iyengar-Yoga mehr Geduld braucht als für die anderen Yogaschulen?

PAUL: Am Anfang vielleicht. Aber im Endeffekt genauso viel. Yoga ist ein transformativer Prozess, der wie jede Veränderung viel Zeit benötigt. Wenn man allopathisch mit Medikamenten Beschwerden lindern oder Krankheiten heilen will, geht es immer schneller. Es kommt darauf an, worauf man welches Mittel anwendet. Bei Rückenleiden etwa ist die Schulmedizin ja relativ ratlos. Da wird viel mit Chirurgie experimentiert, aber man weiß nicht, was man machen kann, wenn man nicht schneiden will. Yoga kann da echte Besserungen bringen. Ich habe natürlich nichts gegen die Schulmedizin, es gibt ja auch keinen Krieg zwischen Medizin und Yoga. Es gibt nur Bereiche, in denen Yoga besser wirken kann. Es hat ja einen vollständigen, ganzheitlichen Ansatz, der ganz anders wirken kann als ein einzelner Wirkstoff. Yoga ist eine ganze Weltanschauung.

URSULA: Wie hast du dich selbst durch Yoga verändert?

PAUL: Ich bin ruhiger geworden – das kommt vielleicht auch mit dem Alter … Ich war früher eher nervös. Auf jeden Fall hat mir Yoga eine neue Perspektive eröffnet, die es mir ermöglicht, das Materielle im Leben etwas leichter zu nehmen. Aber im Grunde bin ich immer noch der gleiche Kerl. Yoga lehrt, dass man – so lange man sich mit seiner äußeren Natur identifiziert – dieselbe Person bleibt. Aber man kann sich mit etwas Transzendentalem in Verbindung bringen. Man ändert sich und ändert sich nicht. Man bleibt derselbe, aber man lernt etwas dazu.

URSULA: Wie sieht dein Tagesablauf aus?

PAUL: Morgens stehe ich früh auf,

dann übe ich atmen und ein paar Stunden Stellungen, manchmal nur zwei, drei Positionen, manchmal bis zu sechzig. Dann fahre ich zu meinen Unterrichtsstunden in sechs unterschiedlichen Yogazentren. Abends mache ich meistens kein Yoga mehr. Aber das macht jeder anders.

URSULA: Was passiert, wenn du krank wirst? Es gibt Yogis, die sagen, dass man seine Yogaübungen nie unterbrechen sollte.

PAUL: Das kommt auf die Krankheit an. Es gibt eben viele Positionen, die sogar sehr gut helfen können, beispielsweise gegen Magen-Darm-Krankheiten und Erkältungen. Aber wenn man mal ein, zwei Tage nichts tut, geht natürlich die Welt nicht unter. Man muss da seine eigene Balance finden.

URSULA: Was rätst du Anfängern?

PAUL: Sie sollten zuerst einen ruhigen, ungestörten Ort finden, an dem sie ihre Übungen machen können, das steht schon in den ältesten Yogaschriften. Dann können sie eine Position pro Tag üben und langsam aufstocken. Meist ist es doch so: Wenn man eine Übung macht, will man auch zwei machen oder drei und mehr ... Die Yogapraxis ist wie eine Pflanze, die keimt und wächst, und nicht wie eine Skulptur, bei der man aus vorhandenem Material etwas Lebloses formt. Die Yogapraxis hat ein Eigenleben und ist nur partiell kontrollierbar, sie verlangt, dass man sensibel auf sie reagiert. Es geht um die Balance zwischen Willen und Hingabe.

ICH DANKE

Isabell von Alvensleben und Katharina Naumann, die meine Motivation, Yoga mit anderen Menschen zu teilen, Wirklichkeit werden lassen.

Vielen Dank an Sabrina Fox, Petra Gallasch, Dr. Hubert Burda, Markus Hammer, Doris J. Heinze, Angela Bäuml-Nicolas, Katja Burkhard, Manfred Zimmermann, Mon Müllerschön, Patrizia Riekel, Kai Karsten, Heike-Melba Fendel und Katja Ehmcke für ihre inspirierenden Ideen und ihre Unterstützung.

Ich danke all meinen Lehrern, die mir spirituell den Weg geebnet haben, und meinen Yoga-Lehrern Julie Piatt, Ted McDonald, Gurmukh Kaur-Khalsa, Lisa Walford, Steve Ross, Mark Stevens, Shiva Rea, James Hanahaan, Annie Carpenter und insbesondere Paul Cabanis, der sich die Zeit genommen und meine Ideen und Gedanken in «Übungssequenzen» geordnet hat.

Meine tiefe Dankbarkeit gilt Lyndie Benson für ihre wunderschönen Fotografien.

Besonderer Dank an meine mir so wertvollen und geschätzten Freunde Maria, Kim, Sandra, Mon, Sabrina, Barbara, Kai, Lisa, Isabell, Heike, Til und Dana, Julie, Lyndie und Yeshe, ohne deren Geduld, Humor, Energie, Scharfsinn, Vertrauen, Instinkt, Kraft, Weisheit, Mitgefühl und vor allem Liebe ich nicht hätte weiterleben wollen.

Ich danke meinen «bellybutton»-Partnerinnen Dana Schweiger, Katja Ehmcke, Annette Bode, Astrid Schulte und allen anderen, die ich in diesem Buch nicht alle nennen kann und die mich in den letzten Jahren so unglaublich unterstützt haben. Von ganzem Herzen danke ich auch meinen Eltern, meinem Bruder und meiner Schwester und meiner ganzen Familie für ihre Geduld und Liebe.

Der Rowohlt Verlag dankt dem Joachim Kamphausen Verlag für die freundliche Erlaubnis, Textstellen aus dem im Kamphausen Verlag erschienenen Buch «Jetzt! – Die Kraft der Gegenwart. Ein Leitfaden zum spirituellen Erwachen» von Eckhart Tolle verwenden zu dürfen.

BILDNACHWEIS

Alle Fotos von Ursula Karven
und Christopher Karven-Veres:
    Lyndie Benson

S. 29, 67, 69, 85, 110, 112, 121, 145, 162:
    Archiv für Kunst und Geschichte,
    Berlin

S. 126, 127, 130, 131: Lothar M. Peter

S. 129: Wendy Lang

S. 179, 184: privat

S. 186: Image Source AG

Trotz sorgfältiger Recherchen konnten nicht alle Rechteinhaber ermittelt werden.
Der Verlag ist bereit, berechtigte Ansprüche in üblicher Weise abzugelten.

Das Yoga Erlebnis

In "POWER YOGA!" zeigt Ursula Karven gemeinsam mit weiteren Schülern eine Reihe von Übungen unter Anleitung von Mark Stephens, einem der bekanntesten Yogalehrer der USA. Der Kurs beginnt mit einem leichten Warm-Up, gefolgt von Dehnungs- und Stärkungsübungen für den gesamten Körper unter besonderer Berücksichtigung der richtigen Atemtechnik. Die eigens komponierte Musik unterstützt kraftvoll und einfühlsam die Übungen, die für Anfänger und für Fortgeschrittene gleichermaßen geeignet sind.

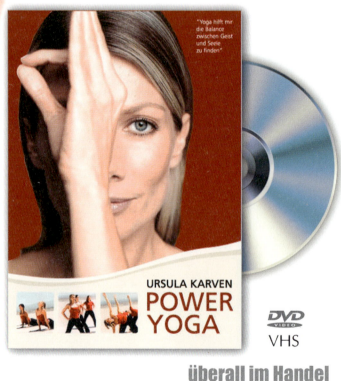

DVD VIDEO
VHS

überall im Handel

www.power-yoga.de